나를 향하신 하나님의 계획

This work is taken from
How to Discover the Will of God
Moody Publishers, 820 N. LaSalle Blvd., Chicago, Illinois,
copyright © 1975 by George Sweeting.
Translated with permission.

나를 향하신
하나님의 계획

조지 스위팅(George Sweeting) / 양길영

추천사

우리가 사는 21세기는 지식과 정보가 홍수처럼 쏟아지는 최첨단 과학기술시대입니다.

물질적 풍요에 의학과 약의 발달은 장수시대를 구가케 하는가 하면 유전공학은 동물은 물론 인간 체세포의 복제까지 가능하여 인류의 미래는 온통 장밋빛으로 채색되어 하나님의 뜻, 하나님의 계획 같은 것은 없어도 우리 인간끼리도 얼마든지 잘 살 것 같이 여기는 시대입니다.

그러나 인간의 심성은 도리어 퇴보해가고 있습니다. 동물적 본능만이 고도로 발현되어 인류의 미래를 참담한 비극으로 예측하기도 합니다. 무엇보다 우리 인간이 하나님의 뜻, 나를 위한 하나님의 계획, 나에게 가장 좋은 것이 무엇이며 또 꼭 필요한 것인지도 모른 채 정욕과 탐욕에 몰두하느라 방향을 잊어버린 것입니다. 사람들은 이제, 육신의 배고픔은 해결하였지만 더 큰 영적인 공허와 기갈로 어려워하고 있는 것입니다.

이러한 때 조지 스위팅 박사의 『How to Discover the Will of God』이 『나를 향하신 하나님의 계획』이란 제목으로 번역되어 출판케 된 것은 하나님께서 우리에게 주신 은혜입니다. 스위팅 박사는 미국의 무디성서신학원을 이끄시며 영감 넘치는 저술활동으로 세계적으로 널리 그 이름이 알려진 훌륭한 신학자이자 목회자이십니다. "내가 온 것은 양으로 생명을 얻게 하고 더 풍성히 얻게 하려는 것이라."(요 10:10)는 주님의 말씀이 현대를 살아가는 우리들에게 어떻게 실현될 수 있는지를 구체적으로 제시해 주는 저서입니다.

이 귀한 책을 찾아내어 번역한 양길영 목사의 분별도 칭찬하고 싶습니다.

양 목사님은 저와 함께 노량진교회에서 10년을 넘게 섬긴 동역자입니다. 이 책은 해외 선교사로 파송되어 준비하던 중, 역사의 주인 되시는 하나님께서 정해 놓으신 구체적 계획을 발견치 못하여 안타까운 마음으로 기도하는 가운데 만난 책이요, 역자 본인이 먼저 큰 감동을 받은 귀한 책입니다. 그리고 하나님의 뜻을 발견하여 지금은 동북아에 나가 바쁜 선교활동을 하면서 틈틈이 글을 쓰고 번역하여 이미 몇 권의 저서와 번역서가 있습니다.

과학기술은 발달해 가면서도 인간의 영성은 희미해져 가는 이때, 이 책은 우리 모두에게 하나님의 세미한 음성을 듣게 하는 책으로 특별히 21세기의 주역이 되어야 하는 젊은이들에게 하나님의 뜻을 발견하는 데 도움이 되는 좋은 책이라 생각되어 추천하는 바입니다.

2006. 1
노량진교회
담임목사 강신원

나를 향하신
하나님의 계획

차례

- ■ 추천사 • 4
- 1_ 하나님의 방법이 최선의 길이다 • 9
- 2_ 나의 생을 위한 하나님의 뜻을 어떻게 알 수 있나 • 41
- 3_ 하나님의 뜻 안에서의 인도 • 75
- 4_ 우리는 하나님의 뜻 안에서 행복할 수 있다 • 101
- 5_ 하나님의 뜻을 발견하기 위한 점검 • 121
- ■ 역자후기 • 133

1 하나님의 방법이 최선의 길이다

온통 검은 휘장으로 가리어진 하늘 어디에도 별이 보이지 않으니

나는 나의 길을 발견할 수 없도다.

나를 향하신 하나님의 계획

"내가 온 것은 양으로 생명을 얻게 하고 더 풍성히 얻게 하려는 것이라"(요 10:10).

"그러므로 어리석은 자가 되지 말고 오직 주의 뜻이 무엇인가 이해하라"(엡 5:17).

"눈가림만 하여 사람을 기쁘게 하는 자처럼 하지 말고 그리스도의 종들처럼 마음으로 하나님의 뜻을 행하여"(엡 6:6).

"그리스도 예수의 종인 너희에게서 온 에바브라가 너희에게 문안하니 저가 항상 너희를 위하여 애써 기도하여 너희로 하나님의 모든 뜻 가운데서 완전하고 확신 있게 서기를 구하나니"(골 4:12).

"여호와여 주의 길로 나를 가르치시고…평탄한 길로 인도하소서"(시 27:11).

"나의 하나님이여 내가 주의 뜻 행하기를 즐기오니 주의 법이 나의 심중에 있나이다"(시 40:8).

1 하나님의 방법이 **최선의 길**이다

내 아들아, 나는 오늘 새로운 세상을 향하여 나아가는 너에게, 네가 평생토록 마음에 새기고 기억해도 좋을 중요한 주제에 대하여 말해 주려고 한다. 그것은 "하나님의 뜻"에 관한 이야기다. 그리스도 안에서 하나님의 자녀 된 우리가 날마다 항상 가장 중요하게 고려해야 하는 것이 바로 하나님의 뜻이다. 이것은 중요한 만큼 어렵기도 하지만, 또 우리가 쉽게 지나쳐 버릴 수 있는 문제이기도 하다.

우리는 불안하고 뒤숭숭한 시대를 살고 있다. 오늘 무슨 일이 일어날지, 내일 아침 신문 1면에 어떤 헤드라인이 오를지 전혀 예측하지 못하고 하루하루를 살고 있다. 특별히, 요즘처럼 국제적인 긴장과 정치적인 혼란 속에 전쟁과 테러 소식, 끔찍한 재앙이 뒤섞여 있을 때는 우리 개인에게, 사회에 그리고 나라 전체에 어떤 일들이 닥칠지 몰라 더욱 전전긍긍하며 살아갈 수밖에 없다.

자, 이 세계는 누구의 통제 아래 있는 것이냐, 그리고 이 무수한 문제들에 대한 대답은 누가 가지고 있는 것이냐. 이에 대해 성경에서 분명한 어조로 거듭거듭 확인하는 바는 하나님은 그 자녀들을 위하여 "다른 길," "더 좋은 길"을 마련해 두고 계시다는 것이다.

이 칠흑 같은 어두움 가운데에도 빛이 있고, 극심한 혼란 중에서도 움직일 수 있는 원리가 있으며, 우리가 따라 걸어가야 할 행로가 있는 것이다! 생각해 보아라. 예측이 전혀 불가능한 삶을 살아가면서 하나님께서 우리의 생을 위하여 확고한 계획을 가지고 계시다는 것을 깨달아 아는 것은 참으로 마음 든든한 일이요, 또 가슴 벅찬 사실이 아니겠느냐. 바로 그렇다! 하나님은 너와 나, 우리를 위하여 미리 정하신 계획과 디자인을 가지고 계시며, 우리가 하나님의 그 계획을 알아 그것을 따라 살기만 하면, 참으로 그렇게만 된다면, 우리는 영원한 목적과 참 의미를 알면서 성공적인 삶을 살 수 있다.

오래 전에 시카고에 거대한 시어즈 타워가 준공되었다. 1,500피트나 되는 높이로 하늘을 가르고 우뚝 서 있는 그 장관이라니! 참으로 대단했다. 그 굉장한 건축물을 보는 사람들은 문득, 그 빌딩을 짓기 위해서 들인 어마어마한 공력(功力)과 어려웠던 공사 과정을 떠올리게 된다. 수년간에 걸쳐 계획하는 동안 그려낸 청사진만도 수천, 수만 장이었고, 토목과 각종 기술에 관한 전문가들이 동원되었다. 많은 연구와 토의가 있은 다음에 착공하여, 위험하고도 어려운 공사를 거쳐 마침내 그런 거대한 건물이 탄생되었다. 그렇지 않겠는가. 그러한 빌딩이 어느 날 하루아침에 갑자기 세워질 수 있는 것이 아니다. 긴 시간에 걸쳐 막대한 재정과 수많은 사람들의 노력과 희생, 그리고 무엇보다 '계획'이 필요했던 것이다.

내 아들아, 이와 꼭 같은 원리가 우리의 생애에도 있다는 것을 잊지 말아야 한다. 다만 하나님만 아시는 인생의 수수께끼, 그 청사진은 한꺼번에 펼쳐지는 대신 가리어져 있을 뿐이다. 먼저 생의 디자인이 있고 우리 인생의 건축자들은 하나님의 청사진을 따라 생을 만들어 가도록 되어 있는 것이다.

**이 세상이 무엇과 같은고 하니,
마치 잘못된 블록을 가지고
하나님이라는 글자를 쓰려고 애쓰면서
당황해하는 어린아이들로 가득한 영적 유치원과 같다 하리로다.**

- E. A. 로빈슨 -

그런데 많은 사람들이 짙은 안개 속을 방황하면서 어둠 속에서 마법 주문, 곧 생의 목적과 성취의 문을 열려고 매일 매일을 필사적으로 더듬거리기만 한다. 빠져나갈 길을 쉽게 발견할 수 없는 이 사람들은 무엇이든 누구든 기꺼이 따르려고 한다.

얼마 전에 프랑스의 한 작가가 페이지도 매겨지지 않고 제본도 되지 않은 소설을 출판한 일이 있었다. 독자들은 앞뒤가 온통 뒤섞여진 책을 읽으면서 제각각 책의 내용을 파악하고 나름대로의 결론에 이르러야 했는데, 얼토당토 없어 보이는 이 일은 향방(向方) 없이 살아가는 사람들의 형편을 잘 보여 주고 있다. 실로 대부분의 사람들이 그렇게 방향도 없고 목표도 알지 못한 채, 더듬거리면서 어리석은 삶을 살아가고 있다. 사람들은 어디가 처음이냐, 우리는 지금 어디쯤 있느냐, 또 어디를 향해 가고 있느냐, 왜 그렇게 되어야 하느냐고 도처에서 아우성치고 있다.

참으로 사람들은 길을 잃어버리고 방황하고 있다. 한 정신분석학자의 말처럼, 현 세대는 "자기 스스로와의 만남도 없이, 그리하여 하나님과의 접촉도 없이" 다만 공허와 혼란, 혼돈과 무의미로 가득 찬 무기력한 생을 사는 것이다.

온통 검은 휘장으로 가리어진 하늘 어디에도
별이 보이지 않으니
나는 나의 길을 발견할 수 없도다.
- 『나는 믿는다』, E. A. 로빈슨 -

내가 나 스스로를 보매, 형언할 수 없이 미미하도다.
저 민들레 풀씨같이 가볍게 날아가 버린 무의미한 나의 날들이며,
하찮은 것들로 가득한 나의 삶에서
아무런 의미를 발견할 수 없어 방황하노라.
- 『내가 믿는 것』, T. 드라이저 -

그러나 내 아들아, 우리의 생은 그토록 하찮고 무의미한 것이

결코 아니다. 예수님은 "내가 온 것은 양으로 생명을 얻게 하고 더 풍성히 얻게 하려는 것이라."(요 10:10)고 하시지 않았느냐. 하나님은 우리 한 사람 한 사람을 위한 계획을 가지고 계시는데, 그것은 우리가 온전하고 또 분명한 목적을 가지고 부요한 삶을 살아가는 것이다. 하나님의 영원한 계획 안에서 우리는 하나님께서 우주 천지만물을 고안하시고 창조하신 분이요, 지극한 사랑으로 유지하시는 분인 동시에 우리 각자의 삶의 계획과 목적에 대하여 지극한 관심을 가지고 계시다는 것을 충분히 알 수 있다. 이 세상을 우주 공간에 펼쳐 놓으신 하나님은 분명 그의 고귀한 창조물인 우리 한 사람 한 사람과 특별한 관계를 갖기 원하신다.

G. C. 바이쓰는 그의 책 『하나님의 완전하신 뜻』에서 이렇게 묻고 있다. "…너는 자기 아들을 이렇게, 이렇게 키우겠다는 의지도, 아무런 계획도 없는 아빠를 생각할 수 있는가? 너는 자기 딸에 대한 확고한 야심도, 특별한 의지도 없는 엄마를 상상할 수 있는가? 아무 생각 없이 아내를 택하는 남편을 상상할 수 있

는가? 자기의 백성을 다스리는데 아무런 의지도 방향도 없이 법도 세우지 않는 왕, 아무 계획도 없이 통치하는 군주를 상상할 수 있겠는가? 어디로 갈지 목적지도 정하지 않고 항해를 떠나는 선장이 있겠는가? 어느 포도원 주인이 시킬 일도 정하지 않고 일꾼들을 뽑겠는가? 이들이 과연 그러할진대, 우리 하나님이 그 사랑하는 자녀들에 대하여 아무런 계획이 없다고 생각할 수 있겠는가?"

이성과 합리가 주도하고 모든 지식을 과학적으로만 접근하려던 18세기에 이신론(理神論)이 일어났는데, 이 철학에 의하면 하나님께서는 이 우주를 창조하셨지만 "내버려 두심"으로 우주는 자연법칙을 따라 저절로 운행된다고 했다. 그리하여 하

나님을 그의 창조물에 아무런 관심을 가지지 않는, 무능력한 "부재자 하나님"으로 만들어 버렸다.

그러나 내 아들아, 성경은 그렇게 말씀하지 않는다. 잠시, 이에 대하여 성경은 무엇이라고 말씀하는지 주의 깊게 살펴보아라.

베드로 사도는 "오직 너희를 대하여 오래 참으사 아무도 멸망치 않고 다 회개하기에 이르기를 원하시느니라."(벧후 3:9)라고 말했다. 바울 사도는 "옛적에 선지자들로 여러 부분과 여러 모양으로 우리 조상들에게 말씀하신 하나님이 이 모든 날 마지막에 아들로 우리에게 말씀하셨으니 이 아들을 만유의 후사로 세우시고 또 저로 말미암아 모든 세계를 지으셨느니라."(히 1:1-2)라고 말함으로써 하나님께서 이 세상에 대하여 지극한 관심을 가지고 계시다는 것을 보여 주고 있다. 그렇다, 하나님은 각별한 관심 가운데 우리 모든 사람 하나하나를 위한 구원의 길을 마련하시고, 또 우리 모두가 구원 얻기를 바라시면서 우리 각 사람의 삶을 통하여 하나님 뜻의 만족함과 온전함의 의미를 알기 원하신다.

그런데 불행하게도 오늘날 많은 사람들이 자기들의 생에 대한 하나님의 계획이 있다는 것을 알지 못한 채, 또 그것을 알려고 하지도 않음으로 무의미한 생을 살아가고 있다.

사람들은 자기만의 연극을 스스로 공연하면서도 연출자 되시는 하나님의 지도는 거부한다. 그 결과로, 한바탕 소란과 짙은 안개와 같은 불확실함과 의심, 그리고 혼돈만을 계속 겪다가 마침내 아무런 열매 없이 무의미한 생을 마치게 된다. 내 아들아, 이것은 결코 우리를 이 땅에 보내신 하나님의 뜻이 아니다.

그러면, 우리가 이 세상을 살면서 나를 위한 하나님의 계획을 인정하고 받아들이는 것이 왜 중요하다는 것이냐? 이에 대해 하나님의 방법이 최선의 길인 동시에 궁극적으로는 우리 생의 목적을 발견하는 유일한 길이라는 네 가지 이유가 있다.

1. 먼저, 네가 하나님의 뜻을 알아야 할 필요가 있는 것은 오직 하나님만이 미래를 아시기 때문이다

오늘날 사람들은 미래를 미리 알려고 애쓴다. 미국에서만 2,000여 종에 가까운 신문 잡지가 매일 발행되고 있는데, 그 신문 잡지들마다 한결같이 별자리가 어떻고, 오늘의 운세가 어떻고 하는 따위의 고정란이 있다. 그리고 수백만의 사람들, 그중에는 상당한 지식인이요, 문화인이라고 자처하는 사람들이 일상적인 삶에서 무슨 일을 결정하기 전에 그날의 별자리를 알아본다고 드러내 놓고 말하기도 한다. 또 스스로 영험 있는 점성가요, 마법사라고 내세우는 수십만의 사람들이 미국 도처에서 활동하면서 심령술을 해보이기도 하고, 또 자칭 예언자, 영매자라는 사람들이 미래를 예언한 책이라고 만들어 팔고 있는데 많은 사람들이 현혹되어 그러한 책들을 사 보고 있다. 미래에 대한 열망, 관심은 현대인을 사로잡는 망상이 되고 있는 것이다.

그러나 성경은 인간들의 미래를 엿보려는 이러한 시도를 어리석은 일이라고 꾸짖고 있다.

잠언 27장 1절은 "너는 내일 일을 자랑하지 말라 하루 동안에 무슨 일이 날는지 네가 알 수 없음이니라."라고 말씀하고, 이사야 선지자는 하나님의 말씀을 대언하면서 "너희는 옛적 일을 기억하라 나는 하나님이라 나 외에 다른 이가 없느니라 나는 하나님이라 나 같은 이가 없느니라 내가 종말을 처음부터 고하며 아직 이루지 아니한 일을 옛적부터 보이고 이르기를 나의 모략이 설 것이니 내가 나의 모든 기뻐하는 것을 이루리라 하였노라."(사 46:9-10)고 말씀한다.

많은 사람들이 미래사를 예측하면서 그중에 어떤 사람은 더러 맞추기도 하고 또 간혹은 초능력을 발휘하여 사람들을 놀라게도 하지만, 내일 일어날 일을 온전한 그림으로 보여 주는 사람은 아무도 없다. 우리 인간에게 미래는 철저하게 닫혀 있어서 하나님 외에는 아무도 모르도록 되어 있기 때문이다. 우리 인간은 누구도 앞으로 어떤 일이 일어날지 알 수가 없다. 오직 하나님만이 미래를 아신다. 이것은 일찍이 욥이 밝히 선언한 것이다. "나의 가는 길을 오직 그가 아시나니"(욥 23:10).

우리는 하나님의 뜻을 발견하여 그의 지시하시는 길을 따라가야 한다. 불확실한 내일은 오직 하나님만이 인도하실 수 있다! 어떤 흑암과 같은 구름이 우리 앞길에 닥칠지라도 우리가 주와 함께 걷기만 하면 주께서는 아시고 우리를 돌보시고 어떤 폭풍도 뚫고 헤쳐 나가게 하신다.

나는 알지 못하되 하나님만은 아시네.
오, 그 두려움으로부터 참 평안을 주시네.
모두들 "왜 그렇지?" 하고
몸이 닳아서 수수께끼를 풀려고 하지만
나에게는 가리어 있는 모든 날들이 주께는 분명하고 환하네.

모든 의심으로부터 두려움이 일지만
마침내 대답을 찾나니,
"나는 알지 못하되 하나님만은 아시고,
나는 할 수 없되 오직 하나님만이 하시나니,
내 모든 근심에 오직 주만 위로가 되시네."

내가 무거워 내려놓은 짐도
주께서 대신 들어 주시고 져 주시네.
독수리도 피곤하여 날갯짓을 멈추고
어제는 뛰어가던 길을 오늘은 걸어가지만
이것을 아는 것이 나의 능력이 되니,
나는 할 수 없지만 하나님만은 하실 수 있도다.
– A. J. 플린트 –

2. 그리고 네가 하나님의 뜻을 전적으로 받아들일 필요가 있는 것은, 하나님만이 우리에게 무엇이 가장 좋은 것인지를 아시기 때문이다

이 세상을 살아가는 우리에게 가장 큰 비밀은, 우리가 무엇을 좋아하고 또 원하는 것이 무엇인지는 잘 알면서도, 정작 무엇이 우리에게 가장 좋은 것이고 또 무엇이 우리에게 꼭 필요한 것인지는 알 수 없다는 점이다. 우선은 이것이 좋고 꼭 필요한 것 같지만, 지나고 보면 그렇지 않다는 것을 우리는 경험을 통하여 너무나 잘 알고 있다.

많은 사람들이 하나님의 뜻과 인도하심을 알고도 그것을 선뜻 인정하려고 하지 않는 것은 하나님의 뜻을 구하는 대신에 자기의 그릇된 욕심을 하나님도 찬성하시면서 인정해 주시기를 바라고 있기 때문이다.

그러나 우리에게 꼭 필요한 것은 하나님께서 우리의 요구를 모두 들어 주시는 것이 아니라, 그 욕망과 동기 안에서 우리 자신이 완전히 변화하는 것을 경험하는 일이다. 하나님은 단지 우리의 행위를 따라 결재 도장을 찍는 일에만 관심을 가지고 계신 것이 아니다. 우리를 하나님 자신의 목적과 계획대로 인도하기를 원하신다. 이 말은 하나님께서 우리가 원하지 않는 것을 강제로 하게 하신다는 뜻이 아니라, 오히려 하나님은 우리 인간들이 스스로를 건축하기에 무능하다는 것을 잘 아시는 동시에 우리가 우리 스스로를 아는 것보다 더 많이, 더 멀리 아시고, 나아가 우리가 삶을 즐기면서 행복하기를 참으로 원하신다는 뜻이다. 우리 인간은 그 지혜의 한계로, 더욱이 정욕으로 더러워진 욕심에 가려 무엇이 우리에게 가장 좋고, 또 무엇이 우리에게 큰 행복과 성취를 가져다줄지를 잘 모르고 있다.

"하나님의 뜻 안에 있는 것이 우리의 평화로다."

– 단테 (Dante)–

내 아들아, 사실은 "우리가 하나님의 뜻을 아는 것" 보다는 "하나님께서 우리 자신에 대하여 더 지극한 관심을 가지고 있으시다."는 것을 알게 될 때 우리는 더욱 큰 힘을 얻게 된다. 죄로 인하여 하나님의 뜻을 알고 순종하려는 우리의 선한 의지가 약해졌기 때문이다.

야고보 사도는 그의 서신에서 우리의 "잘못된 결심" 보다 "우유부단"이 우리를 더욱 망치게 한다고 타이른다. "우리가 얻지

못하는 것은 구하지 않기 때문이요 구하여도 얻지 못하는 것은 정욕으로 쓰려고 잘못 구하기 때문"인데 이런 사람은 "마치 바람에 밀려 요동하는 바다 물결" 같고 "두 마음을 품어 모든 일에 정함이 없는 자"이다(약 1:8). 예레미야 선지자가 "여호와여 내가 알거니와 인생의 길이 자기에게 있지 아니하니 걸음을 지도함이 걷는 자에게 있지 아니하니이다."(렘 10:23) 하고 고백한 대로 우리는 어디로 가야 하고, 무엇을 해야 할지, 스스로의 인생행로를 도무지 알 수 없다는 것을 인정해야 한다. 하나님께서 예레미야에게 "너는 내게 부르짖으라 내가 네게 응답하겠고 네가 알지 못하는 크고 비밀한 일을 네게 보이리라."(렘 33:3)고 약속하신 것처럼 자기의 미래에 대하여 무지함과 연약함을 인정하는 겸비한 기도를 하나님은 귀히 여기시고 그 미래를 보장해 주신다. 하나님은 내가 나 스스로를 아는 것보다 우리를 더 속속들이 아시고 어떤 길이 우리의 생에서 최선의 길이라는 것도 아신다. 그러므로 우리는 마땅히 시편의 시인과 함께 기도해야 한다. "여호와여 주의 도를 내게 보이시고 주의 길을 내게 가르치소서 주의 진리로 나를 지도하시고 교훈하소서 주는 내 구원의 하나님이시니 내가 종일 주를 바라나이다"(시 25:4-5).

나는 가끔 오래된 교회를 방문할 때면 거기 치장된 고색창연한 스테인드글라스 유리창을 유심히 보곤 하는데, 그 색 유리창은 바깥에서 볼 때는 볼품도 없이 우둘투둘하고 무슨 그림인지 알 수도 없지만 안에서 보면 아주 영롱한 빛을 띠면서 아름다운 그림을 선명하게 보여 준다. 대개의 경우, 하나님의 뜻은 바깥에서 보는 스테인드글라스처럼 구별하기 어렵지만, 이윽고 하나님은 우리 하나하나를 잘 알고 계실 뿐 아니라 가장 최상의 것으로 우리의 필요를 채워 주신다는 것을 확연히 알게 된다.

3. 우리가 또한 하나님의 뜻을 알 필요가 있는 것은 하나님께서는 우리 자신에게 꼭 맞는 복된 계획을 가지고 계시기 때문이다

자, 한번 생각해 보아라. 이제까지의 너의 삶은 네가 원하는 대로 다 되었더냐? 너는 예수님이 너의 삶에 가져다주시려는 풍성한 삶을 경험하고 있느냐? 이제 너는 그렇게 할 수 있고 또한 알게 된다.

그런데 많은 사람들이 하나님께서 우리 한 사람 한 사람에 대해 개인적으로 관심을 갖고 계시다고 믿는 것은 어리석은 일이라고 생각하고 있다. 이 사람들은 "아, 초대형 슈퍼컴퓨터가 돌아가고 우주 왕복선으로 우주를 여행하는 시대에 하나님이 이 거대한 우주 공간의 지극히 작은 반점과 같은 미미한 나의 존재까지 어떻게 관심을 가지시겠느냐."고 제법 하나님의 사정을 알아주기라도 하듯 말하기도 한다.

큰 고목나무 껍질에 붙어사는 버러지와 같은 너 인생아,
너는 밤하늘 수억의 별들 가운데 있는 작은 점과 같고
저 대양 가운데서의 한 방울 물과 같을 진저…….

- H. G. 웰즈 -

그러나 내 아들아, 성경은 우리 인간이 여러 면에서 하찮고 연약하지만 하나님의 형상으로 창조된 특별한 존재라고 가르치고 있다. 우리 인간은 실로 기묘하게 만들어진 "특별한 창조물"이다. 그렇다. 우리는 아무런 의미 없이, 누가 말한 대로 우연히 이 우주 한가운데로 던져진 존재가 아니다. 우리 인간은 하나님께서 각별한 관심 가운데 돌보시는 자녀들이다. 비록 우리가 죄를 범하여 우리 안에 있는 하나님의 형상이 손상되고 얼룩졌지만, 우리는 여전히 하나님과 영적인 대화가 가능할 뿐 아니라 예수 그리스도의 십자가 희생을 통하여 구원의 가능성을 가진 존재이다. 복음의 귀한 소식에 의하면 하나님께서 우리를 향하여 가지신 복된 계획은 영원한 과거에서 시작하여 영원한 미래로 이어지고 있다.

하나님께서 예레미야에게 말씀하시는 것을 들어 보아라. "여호와의 말씀이 내게 임하니라 이르시되 내가 너를 복중에 짓기 전에 너를 알았고 네가 태에서 나오기 전에 너를 구별하였고 너를 열방의 선지자로 세웠노라"(렘 1:4-5). 우리 한 사람 한 사람을 위한 하나님의 계획과 선하신 목적은 이 세계가 시작하기도 전에 작정되었다고 말씀하시는 것이다.

내 아들아, 이 숨 막히도록 어마어마한 하나님의 계획을 우리 인간들이 알지 못하고 무심코 넘어간다면 이 얼마나 큰 손실이냐! 더욱이 하나님께서 우리에게 주신 지혜와 온갖 은사와 함께 우리를 향하신 사랑을 알지 못하고 자신을 비하하고 자학한다는 것은 얼마나 끔찍한 비극이란 말이냐!

또한 바울 사도는 "우리는 그의 만드신 바라 그리스도 예수 안에서 선한 일을 위하여 지으심을 받은 자니 이 일은 하나님이 전에 예비하사 우리로 그 가운데서 행하게 하려 하심이니라." (엡 2:10) 하고 말씀하는데, 이는 하나님께서 우리 하나하나를 수공예품 만들 듯이 귀하고 특별하게 만드셨다는 뜻이다.

나는 개인적으로 하나님께서 나의 일생을 위한 계획을 가지고 계신 것을 깨달아 알게 된 그 새벽의 경험을 결코, 결코 잊지 못한다. 그날, 나는 머리를 숙이고 겸손하게 기도했다. "오, 주여! 몇 년의 시간을 허비하였나이다. 지난 잘못을 모두 사하여 주시고, 저로 이제부터는 주의 뜻 안에서 살 수 있도록 도와주소서."

**사람아, 어떤 모험적인 시도 없이
우리는 아무것도 이룰 수가 없는 거라네!**

- H. 미어즈 -

그렇다, 하나님께서는 너 하나만을 위한 복된, 온전하고도 영원한 뜻을 계획하시고, 또 그것을 너의 매일 매일의 삶 속으로 가져다주시는 것이다. 너는 지금, 너를 향하신 하나님의 그 목적을 알고, 받아들이고 있느냐?

4. 우리가 마땅히 하나님의 뜻을 알아야 하는 것은 하나님은 우리에게 그의 뜻을 알아 그 가운데 전적으로 순종하라고 명하시기 때문이다

내 아들아, 잘 기억하여라. 한 사람의 그리스도인으로서 삶 가운데서 역사하시는 하나님의 뜻을 부인하고 거역한다는 것은 그가 소망 없는 사람이라는 뜻이 된다. 이런 점에서 요나 선지자는 하나님의 뜻을 고의로 거역한 전형적인 예이다. 요나는 니느웨에 가서 그 백성에게 회개를 선포하도록 하나님의 명령을 받았지만 짐짓 그 명령을 거역하였다. 하나님의 메시지를 드러내는 도구가 되어 많은 백성에게 회개를 선포함으로써 하나님께 돌아오게 하는 것이 요나에 대한 하나님의 뜻이었다. 그런데 요나가 한 일이 무엇이냐? 이 엉뚱한 선지자는 하나님께 등을 돌리고 만다. 그는 의도적으로 하나님의 뜻에 불순종하면서 하나님께서 지시하시는 것과는 반대 방향으로 배를 타고 도망한다. 그러나 하나님은 그의 불순종의 의도를 심판하시고 제 발로 돌이켜 하나님의 뜻에 순종할 곳으로 가게 하셨다. 종국에는 요나로 하여금 하나님의 방법이 최선의 길이요, 유일한 길이란 것을 깨달아 알게 하셨다.

바울 사도는 에베소교회 사람들에게 편지하면서 "그러므로 어리석은 자가 되지 말고 오직 주의 뜻이 무엇인가 이해하라." (엡 5:17)고 말씀한다.

그렇다, 내 아들아! 하나님은 우리에게 그의 뜻을 알아 순종하도록 명하신다. 하나님의 뜻을 알라고 하시는 이 명령은 성경의 다른 어떤 계명만큼이나 중요한 것이지만, 대개 우리는 이를 소홀히 함으로 하나님의 뜻을 알고 또 순종하는 것을 지나쳐 버리곤 한다. 그러나 하나님은 우리가 자원하여 그의 뜻에 기꺼이 순종하기를 원하신다. 바울 사도는 다시 에베소교회에게 편지를 쓰면서 "두려워하고 떨며 성실한 마음으로…그리스도의 종들처럼 마음으로 하나님의 뜻을 행하여"(엡 6:5-6)라고 말씀한다. 내 아들아, 우리는 다만 목숨을

바치면서까지 우리에게 명하신 하나님의 뜻에 기꺼이 온전하게 순종해야 한다. "너희가 즐겨 순종하면 땅의 아름다운 소산을 먹을 것이요"(사 1:19).

네가 잘 아는 위대한 음악가 멘델스존에 관한 이야기이다. 그가 독일 어느 성당에 새로이 오르간이 설치되었다는 소식을 듣고 그 성당을 방문했을 때였다. 멘델스존은 아직 젊었지만 그의 음악, 그의 명성은 널리 알려져 있었는데, 그가 성당에 도착했을 때, 한 젊은 오르간 연주자가 새 오르간을 시험하면서 마침 멘델스존 자신의 곡을 서툰 솜씨로 연주하고 있었다. 한참 그 연주하는 것을 지켜보다가 멘델스존은 그 젊은 오르간 연주자에게 다가가서 정중하게 그 새 오르간을 좀 쳐보게 해달라고 부탁했다. 그 젊은 오르간 연주자는 멘델스존을 거들떠보지도 않고 싸늘하게 거절하였다. 그로서는 이제 막 설치한 훌륭한 오르간을 고장 낼지도 모르는 낯선 사람에게 맡기지 않는 것을 제 의무로 알았던 것이다.

멘델스존은 아쉬운 표정으로 잠시 오르간을 쓸어보다가 성당 안을 거닐었다. 한참 후, 다시 돌아와서 그 서툰 오르간 연주자에게 간청하였다. 그러자 그 젊은이는 더욱 화를 내면서 성당의 사람들을 불러 멘델스존을 내쫓으라고 말하고는 소리쳤다. "누군지 모르는 시골뜨기가 감히 귀한 오르간을 만지려 하다니, 안 돼요!" 그는 사람들에게 떠밀려 성당 문밖으로 쫓겨날 수밖에 없었다.

그러나 멘델스존은 멀리 갈 수가 없었다. 그의 마음은 그 새 오르간을 쳐보고 싶은 갈망으로 불붙는 듯하였다. 한참 후, 그는 다시 성당 안으로 들어가서 젊은 오르간 연주자에게 간청하였다. "친구여, 나를 용서하시오. 다시 한번 간청하는데 제발 잠시만이라도 그 오르간 좀 치게 해주실 수 없겠소?" 그 젊은 오르간 연주자는 화가 났지만 그의 진지함과 끈질긴 간청에 마지못해 내키지 않은 표정으로 자리를 내주었다.

멘델스존은 자리에 앉자 오르간의 키를 조정하고는 연주하기 시작했다. 오르간은 곧 장엄한 소리를 내면서 성당 가득히 울려 퍼지기 시작했다. 그 젊은 오르간 연주자는 성당 밖으로 나가려다 말고 그 웅장한 오르간 소리에 자기도 놀라 발길을 돌려 이 위대한 음악가에게 달려와 무릎을 꿇고 말했다. "선생님,
저를 용서하여 주십시오. 선생님은 누구십니까?"

 멘델스존은 조용히 대답했다. "내 이름은 멘델스존이요." 이에 그 젊은이는 오열하면서 말한다. "오, 선생님, 저의 결례를 용서해 주십시오. 내 눈이 어두워서 위대한 음악가를 몰라보고 업신여겼습니다. 나를 용서하여 주십시오."

 내 아들아, 잘 기억하여 두어라. 우리에게 허락된 인생은 잘 해보아야 오르간의 화음을 만들어내는 정도가 아니냐! 우리가 할 수 있는 것이란 겨우 생의 건반을 어떻게 쳐야 하는지를 조금 아는 정도이다. 하나님께서는 우리 스스로가 홀로 빈약한 음악 연주하는 것을 결코 원하지 않으신다. 사랑의 성부 하나님, 성자 예수 그리스도, 그리고 성령께서 오늘도 우리를 부드럽게 부르시고 계신다. '나에게 너의 인생을 지도하게 해다오. 나에게 너의 건반을 치게 해다오. 그러면 내가 훌륭한 음악을 만들어 내겠다…" 그런데 우리는 어리석게도 하나님께 그 자리를 내어 드리는 대신 나 자신을 고집하고 있다.

내 아들아, 너의 인생은 하나님의 뜻에 맞게 조정(調整)되어 있느냐? 유일하게 너의 미래를 아시는 분에게 네 생의 자리를 내어 드렸느냐? 너를 누구보다도 잘 아실 뿐 아니라 또한 사랑하셔서 너에게 꼭 맞는 목적과 계획을 가지고 계시는 그분에게 네 자신을 맡겨 드렸느냐? 그리고 하나님의 뜻에 온전히 순종함으로부터 오는 참 기쁨과 조화를 경험하고 있느냐, 내 아들아….

오 주여, 나의 길이 아닌 주의 길로 인도하소서.
비록 어둡고 험난할지라도….
주의 오른손으로 나를 이끄소서!
주께서 나를 위하여 길을 택하여 주소서.
평탄하든지 거칠든지
그 길이 가장 좋은 길이오니
대로이든 첩경이든 나를 인도하소서.

주께서는 이윽고 나를
주의 안식으로 이르게 하시리이다.

내게 허락된 나의 몫을
주여 나는 기꺼이 주께 드리오니
나의 하나님, 주께서 나를 위해 택하여 주소서.
그리하면 나는 빛 가운데로 바르게 걸어가리이다.

주께서 나의 잔을 가지사
슬픔이든지 기쁨이든지 채우소서.
주께서 가장 선하게 보이는 대로
나의 선함이든지 악함이든지
나의 건강이든지 질고이든지
주께서 나를 사랑하사 택하여 주소서.
나의 가난이든지 부유함이든지
나의 것이 아니요, 또한 나의 취할 바 아니오니
큰 일이든지 작은 일이든지
주께서 나의 인도자와 나의 능력이 되시고
나의 지혜가 되시고
나의 모든 것이 되소서.

- H. 보나르 -

2 나의 생을 위한 하나님의 뜻을 어떻게 알 수 있나

사람아, 어떤 모험적인 시도 없이 우리는 아무것도 이룰 수가 없는 거라네!

나를 향하신 하나님의 계획

"사랑하는 자들아 주께는 하루가 천 년 같고 천 년이 하루 같은 이 한 가지를 잊지 말라 주의 약속은 어떤 이의 더디다고 생각하는 것 같이 더딘 것이 아니라 오직 너희를 대하여 오래 참으사 아무도 멸망치 않고 다 회개하기에 이르기를 원하시느니라"(벧후 3:8-9).

"그러므로 형제들아 내가 하나님의 모든 자비하심으로 너희를 권하노니 너희 몸을 하나님이 기뻐하시는 거룩한 산 제사로 드리라 이는 너희의 드릴 영적 예배니라 너희는 이 세대를 본받지 말고 오직 마음을 새롭게 함으로 변화를 받아 하나님의 선하시고 기뻐하시고 온전하신 뜻이 무엇인지 분별하도록 하라"(롬 12:1-2).

"이는 그가 모든 지혜와 총명으로 우리에게 넘치게 하사 그 뜻의 비밀을 우리에게 알리셨으니 곧 그 기쁘심을 따라 그리스도 안에서 때가 찬 경륜을 위하여 예정하신 것이니"(엡 1:8-9).

"하나님의 뜻은 이것이니 너희의 거룩함이라 곧 음란을 버리고"(살전 4:3).

"그리스도께서 이미 육체의 고난을 받으셨으니 너희도 같은 마음으로 갑옷을 삼으라 이는 육체의 고난을 받은 자가 죄를 그쳤음이니 그 후로는 다시 사람의 정욕을 좇지 않고 오직 하나님의 뜻을 좇아 육체의 남은 때를 살게 하려 함이라"(벧전 4:1-2).

2. 나의 생을 위한 하나님의 뜻을 어떻게 알 수 있나

"나의 생을 위한 하나님의 뜻을 어떻게 알 수 있는가?"

아마 이 질문은 다른 어떤 문제보다 오늘을 사는 그리스도인들의 마음과 입술을 사로잡고 있을 것이다. 우리 모든 그리스도인들은 한결같이 하나님의 뜻을 알아서 그대로 살고 싶어 한다.

"내가 어떻게 나의 삶에서 하나님의 지시하심을 확신할 수 있는가?"

그러나 불행하게도 이 질문은 많은 사람들에게 얼른 대답하기 어려운 것으로 남아 있다. 하나님께서 우리 한 사람 한 사람을 위한 계획을 가지고 계시다면 왜 우리에게 드러내시지 않는 것인가? 하나님께서는 우리를 위하여 작정하신 것, 우리에게 원하시는 것을 보여 주실 수 없는 것인가?

그 대답은 'YES'이다. 하나님은 능히 하실 수 있다! 또한 하나님은 우리의 미래를 위하여 훌륭한 계획을 가지고 계신 것도 분명하다.

그러나 내 아들아, 하나님은 우리의 일생에 걸친 그 멋진 계획을 한꺼번에 드러내지는 않으신다. 우리 가운데 많은 사람들이 하나님의 뜻을 마치 하늘로부터 청사진이 떨어져 각 사람의 무릎 앞에 쫙 펼쳐지는 마술쇼 같은 것쯤으로 생각하고 있다. 그래서 흔히, 사람들은 매일 매일의 삶에서, 그리고 무슨 일을 하면서, 단계마다 하늘로부터 무슨 작은 꾸러미가 떨어지지 않나 하고 두리번거린다. 그러나 대개의 경우, 하나님은 그렇게 하지 않으신다. 하나님께서 우리를 위한 훌륭한 계획을 가지고 계시는 것은 분명하지만, 동시에 우리를 로봇이나 훌륭한 프로그램이 내장된 컴퓨터로 만들지는 않으셨다.

무엇보다 먼저 알아야 할 것은, '하나님의 뜻'이라는 말이 무엇을 의미하는가 하는 것이다. 신약성경에는 하나님의 특별하신 계획을 나타내는 '하나님의 뜻'으로 번역될 수 있는 여러 표현들이 나타난다. 가령, 디모데후서 1장 9절에는 "하나님이 우리를 구원하사 거룩하신 부르심으로 부르심은 우리의 행위대로 하심이 아니요 오직 자기 뜻과 영원한 때 전부터 그리스도 예수 안에서 우리에게 주신 은혜대로 하심이라."고 말씀하는데, 여기서 '뜻'이란 "의도적으로 자기 앞에 장치하여 둔 것"이란 의미로, 다른 말로 하면 하나님께서는 미리 세밀한 계획을 마련하여 두셨고 이제는 그 계획을 실현하고 계시다는 것이다.

또 에베소서 1장 9절에서 바울 사도는 "그 뜻의 비밀을 우리에게 알리셨으니 곧 그 기쁘심을 따라 그리스도 안에서 때가 찬 경륜을 위하여 예정하신 것이니"라고 하는데, 여기서 "하나님의 기뻐하심"이라는 말은 곧 '하나님을 기쁘시게 하는 것'이라는 의미이다. 요컨대, 하나님은 그 중심에 특별한 계획을 가지고 계시고 그 뜻이 성취되는 것을 기뻐하신다는 것이다.

하나님은 우리를 위한 그의 뜻이 이루어지는 것을 기쁨으로 삼으셨다. 그러므로 우리를 통하여 하나님의 뜻이 온전히 이루어지기를 원하시는 것이다. 하나님께서 이루고자 하시는 목적과 그 목적이 실현되는 길이 바로 하나님의 뜻이다.

그리고 두 번째로, 하나님의 뜻은 성경말씀과 불가분리의 관계에 있다는 것을 기억해야 한다.

폴 리틀(Paul Little)은 그의 작은 책 『하나님의 뜻을 확인하는 일』(Affirming the Will of God)에서 "너의 생애를 위한 하나님의 거대한 계획이 이미 오래 전에 성경에 기록되었다는 것을 생각해 본 적이 있느냐, 이 사실을 깨달아 아는 것이 무엇보다 중요하다."라고 간곡하게 말하고 있다. 하나님의 뜻은 곧 하 나 님 의

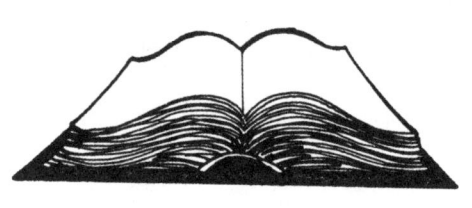

말씀인 성경과 직결되어 있다.

하나님의 말씀, 창세기에서 요한계시록까지에는 우리가 해야 할 일과 하지 말아야 할 무수한 계명들이 분명한 어조로 기록되어 있다. 많은 'YES'가 있고, 'NO'도 있다. 명확하게 이리이리 하라고 하시는가 하면, 저러저러한 일은 하지 말라고 금하시기도 한다. 가령 도적질, 간음, 살인은 명확하게 금지되었다. 자녀들에게는 주 안에서 부모를 순종하라고 엄히 명령하시기도 하고, 부모 된 이들에게는 자녀를 노엽게 하지 말고 주의 교양과 훈계대로 양육하라고 권고하시기도 한다. 또 우리 그리스도인들 모두에게 주시는 충고의 말씀도 있다. "술 취하지 말라 이는 방탕한 것이니 오직 성령의 충만을 받으라"(엡 5:18). 성경은 이렇게 하나님께서 직접적으로 주시는 'YES'와 'NO'로 가득한데, 이로써 하나님의 뜻이 명백하게 드러난다. 이러한 말씀은 특별한 해석이 필요 없이 문자 그대로 지키는 것이 하나님의 뜻이 된다.

그러나 성경이 침묵하고 있는 문제들, 가령 특별한 일마다 적용할 주제에 대하여 직접적이고 명백한 명령이 없을 경우에는 성경의 원리에 맞추어 추론해야 한다.

빌립보서 2장 13절은 "너희 안에서 행하시는 이는 하나님이시니 자기의 기쁘신 뜻을 위하여 너희로 소원을 두고 행하게" 하신다고 확언한다. 다른 말로 하면, 하나님은 그의 뜻을 우리에게 알려 주시는 가운데 당신의 하실 일을 역사하신다는 것이다. 고린도전서 2장 15-16절에서 바울 사도는 "신령한 자는 모든 것을 판단하나 자기는 아무에게도 판단을 받지 아니하느니라 누가 주의 마음을 알아서 가르치겠느냐 그러나 우리가 그리스도의 마음을 가졌느니라."고 말씀한다. 여기서 바울 사도는 모든 신령한 사람은 옳은 결정을 내리는 데 필요한 선한 의의 도구를 이미 가지고 있다고 말씀하는 것이다.

확실히, 하나님은 우리 삶의 일마다 때마다 명령하시기를 좋아하는 천상의 독재자가 아니다. 가령 우리가 자동차를 타되, 시보레이든 포드이든 지엠이든 아니면 전혀 자동차를 타지 않든, 하나님께는 아무 문제가 되지 않는다. 거기다 우리가 무슨 색상의 옷을 입고 어떤 넥타이를 매든지 하나님은 상관치 않으신다. 하나님은 우리 자신과 함께 우리가 행하는 모든 일에 대해서는 지극한 관심을 가지시는 동시에 우리가 하나님으로부터 받은 신령한 지각을 사용하여 결정하는 것을 기뻐하시는 것이다.

A. W. 토저(Tozer) 교수는 그의 책 『하나님의 뜻을 발견하는 네 가지 방법』(Four Ways to Find God's Will)에서 매우 중요한 이야기를 하고 있다.

자, 너는 어떻게 생각하겠느냐. 우리는 언뜻 생각하기를, 자기가 분명하게 할 수 있는 일을 척척 해나가는 사람보다는 매사에 하나님의 인도하심을 구하는 사람을 더 '신령하다'고 생각하지 않겠느냐?

하나님은 우리에게 시계를 주셨다. 우리가 시간을 알고 싶으면 "하나님, 지금 몇 시입니까?" 하고 여쭈면서 하나님의 지혜를 구하겠느냐, 아니면 단순하게 시계를 보겠느냐? 그 대답은 너무도 분명하다. 굳이 하나님께 여쭐 것 없이 우리의 지각을 사용하여 시계를 보면 되는 것이다. 가령, 하나님께서 바다를 항해하는 사람에게 나침반을 주셨는데, 그 항해사가 비록 신령하고 영적인 사람이라도 어느 방향으로 가야 할지를 가르쳐 달라고 기도하겠느냐, 아니면 나침반이 가리키는 대로 키를 조종하겠느냐? 그 대답도 자명하다. 그는 먼저 최선을 다하여 자기의 지식을 따라 배를 저어가지 않겠느냐?

물론 몇몇 예외가 있어서 하나님께서 특별하게 금하기도 하시고 직접적으로 명하시기도 하지만, 대개의 경우, 이러한 일들은 하나님께서 우리에게 이미 주신 지각을 사용하여 자유롭게 선택하는 것이 하나님의 뜻이 된다. 우리가 일상적인 삶을 살면서 만나는 거의 모든 일들에서 우리가 즐거워하는 것을 하나님도 기뻐하신다고 생각하면 틀림없다. 하나님께서는 하나님의 자녀들이 아무 염려 없이 다만 즐거운 마음으로 지저귀는 새들처럼 창조주 하나님께서 주신 지각과 이성을 활용하여 우리의 생을 즐기도록 의도하신 것이다. 하나님은 우리에게 한 가지 길만 보여 주시고 그 길로만 가게 하시는 것이 아니라 오히려 여러 가능성 가운데서 하나를 선택해서 즐겁게 살도록 하신 것이다. 이 경우, 하나님께 전적으로 또 기꺼이 자신을 드린 그리스도인이라면 잘못된 선택을 하지 않게 된다. 어떤 선택을 하든 올바른 방향으로 가게 되는 것이다.

때로 하나님께서는 그의 뜻을 분명하게 교리적으로 'YES' 하시거나 'NO'라고 알려 주시기도 하지만, 대개의 경우 우리에게 이미 주신 통찰력을 사용할 기회를 부여하신다.

그러면 생의 회색지대는 어떻게 되는 것이냐, 가령 우리가 단순하게 대답할 수 없는 질문들 그리고 우리는 지금 당장 결정해야 하는데 성경에는 분명하게 'YES'와 'NO'로 말씀하지 않는 문제들은 어떻게 해야 하는 것이냐는 질문이 남는다. 그럴 때는 하나님의 약속과 우리 안에 거하시는 성령께 의지하여 하나님의 뜻으로 인도하여 주시기를 구해야 한다. 다윗은 "내가 너의 갈 길을 가르쳐 보이고 너를 주목하여 훈계하리로다."(시 32:8)라고 말씀하시는 하나님을 전적으로 신뢰했다. 하나님은 우리가 그를 믿고 전적으로 의뢰하면 우리가 걸어가야 할 길을 보여 주시고, 그의 거룩하신 뜻을 밝히 보여 주시겠다고 성경 도처에서 약속하신다. 솔로몬도 "너는 마음을 다하여 여호와를 의뢰하고 네 명철을 의지하지 말라 너는 범사에 그를 인정하라 그리하면 네 길을 지도하시리라."(잠 3:5-6)고 충고한다.

그렇다, 내 아들아, 하나님은 전적으로 신뢰하고 따르는 자에게 그의 뜻을 밝히 보여 주신다.

그러나 꼭 기억해야 할 것은, 하나님은 전 생애에 걸친 청사진을 한꺼번에 보여 주시지는 않으신다는 것이다. 우리 그리스도인의 삶은 날마다 날마다 한 발자국씩 인도 받는 것이지, 일

생에 이뤄질 일을 한꺼번에 받는 것은 아니다. 물론 하나님께서는 우리 일생의 모든 일에 대해 '단번에 모든 것을' 보여 주시고 인도하실 수도 있지만, 그보다는 '한 번에 한 발자국씩' 인도하시는 방법을 택하신다. 누군가 하나님의 뜻 안에서 미리 멀리 보는 유일한 길은 네가 볼 수 있는 만큼만 앞서 가는 것이라고 말했는데 이것이 바로 "한 걸음 한 걸음," "매일 매일" 하나님과 동행하는 열쇠가 된다.

그러면 우리가 순간순간 결정해야 하는 다급한 문제, 그리고 흑백이 분명하지 않는 생의 '회색지대'에 남아 있는 많은 문제들에서는 어떻게 하나님의 뜻을 알 수 있는 것이냐?

이에 대하여 언제 어디서나 통하는 마법과 같은 공식은 없지만, 우리가 하나님의 뜻을 밝히 알 수 있기 전에 분명한 단계로서 몇 가지 기본적인 전제가 있다.

속죄 구원 (Salvation)

가장 먼저, 그리고 가장 중요한 것은 우리 삶에서 하나님의 원하시는 뜻을 알려고 하기 전에 우리가 구원받은 하나님의 자녀가 되어 있어야 한다는 점이다.

하나님의 가장 큰 관심은 우리가 친밀한 교제 가운데 하나님과 연합하는 것이다. 왜냐하면 하나님께서는 "오직 너희를 대하여 오래 참으사 아무도 멸망치 않고 다 회개하기에 이르기를"(벧후 3:9) 원하시기 때문이다. 하나님께서 그의 아들을 보내시고 십자가에 달려 죽게 하신 것은 우리로 그를 믿고 구원을 얻게 하려 하신 것으로, 이는 우리가 이 세상을 사는 동안 경험할 수 있는 최대의 사건이다. 요한 사도는 "영접하는 자 곧 그 이름을 믿는 자들에게는 하나님의 자녀가 되는 권세를 주셨으니 이는 혈통으로나 육정으로나 사람의 뜻으로 나지 아니하고 오직 하나님께로서 난 자들이니라."(요 1:12-13)고 말씀한다.

우리 모두가 하나님의 사랑스러운 자녀가 되는 것이 그분의 뜻이다. 우리가 그의 자녀가 될 때 비로소 하나님은 우리의 아버지로서 그 자녀들을 인도하신다. 우리가 하나님의 자녀로 태어난 후 하나님은 우리를 그의 뜻 안에서 온전히 인도하시는 것일 뿐, 우리가 온전히 회개하여 하나님의 자녀가 되기 전까지 우리는 하나님의 거룩하신 계획과 목적이라는 점에서 아무런 분깃이 없다. 우리는 먼저 예수 그리스도를 개인적인 구원자로 믿고 의뢰하는 것을 분명히 해야 한다. 이것이 하나님의 뜻 안에서의 첫 걸음이다. 그렇지 않았으면 지금 당장 그 일부터 해야 한다. 자, 내 아들아! 나를 따라서 이렇게 기도하여라.

"오 주님, 나는 지금 나의 모든 삶에서 아버지의 뜻과는 멀리, 잘못된 방향으로 달려가고 있는 것을 깨달아 알았습니다. 이제 구하오니, 나의 방향을 돌이켜 주옵소서. 이 일은 하나님만이 하실 수 있는 것임을 믿습니다. 나의 모든 죄를 회개합니다. 돌이킵니다. 내가 한 모든 일들은 하나님을 노엽게 한 것뿐이었습니다. 나는 예수 그리스도께서 나의 죄를 위하여 십자가에 돌아가신 것을 믿습니다. 나의 모든 죄를 용서하여 주시는 동시에 나를 하나님의 영광스러운 자녀로 삼아 주시고 하나님과 함께 누릴 영원한 생명을 선물로 주옵소서. 오늘 이후로 내 생명의 유일한 구원의 주로서 나를 취하여 주옵소서. 하나님의 거룩하신 뜻을 알고 또 그 뜻을 행하기 원하오니 주여 인도하소서. 아멘."

순종 (Surrender)

두 번째로, 성경은 우리에게 주어진 하나님의 뜻에 자원하여 전적으로 순종하지 않으면 더 이상의 하나님의 뜻을 알 수 없다고 명백히 말씀한다. 내 아들아, 네가 참으로 너의 삶을 하나님께서 인도하시기를 원한다면, 너는 먼저 너 스스로에 대하여 권리를 포기하고 너의 삶을 온전히 하나님께 의뢰해야 한다.

**하나님의 빛으로 비추임 받은 영혼의 상태란
다름 아닌 전적으로 순종하는 마음이다.**

- A. 레드패스 -

로마서 12장 1-2절 말씀은 이 점을 분명히 한다. "그러므로 형제들아 내가 하나님의 모든 자비하심으로 너희를 권하노니 너희 몸을 하나님이 기뻐하시는 거룩한 산 제사로 드리라 이는 너희의 드릴 영적 예배니라 너희는 이 세대를 본받지 말고 오직 마음을 새롭게 함으로 변화를 받아 하나님의 선하시고 기뻐하시고 온전하신 뜻이 무엇인지 분별하도록 하라."

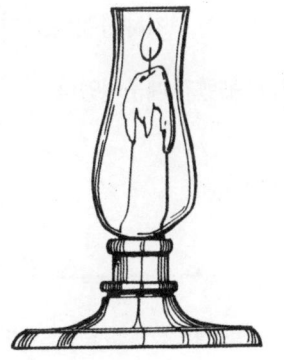

주께서는 우리가 몸과 마음, 우리의 뜻까지 온전히 바치기를 원하신다. 그렇게 요구하실 수 있는 근거는 이미 우리에게 보여주신 "하나님의 모든 자비하심"이다.

내 아들아, 네가 참으로 하나님의 온전하시고 선하신 그리고 기뻐하실(받아들일 만한) 뜻을 알고자 하느냐? 그렇다면 너는 먼저 완전한 항복의 행위로써 너 자신을 하나님께 드려야 한다.

나는 그동안 많은 사람들이 하나님의 뜻을 알기로 결심하고는 중도에 좌절하고 실망하는 것을 보았는데, 그것은 자기 자신을 기꺼이 포기하지 못하고 그 삶의 전부를 하나님의 손에 의탁하지 못했기 때문이었다.

1절에서의 중심 동사는 '드리다'(present), 혹은 '바치다'(offer up)이다. 본래, 이 단어는 히브리 희생 제사에서 제사 드리는 사람이 제물을 제사장에게 건넴으로써 자기의 소유권을 포기하는 데 쓰이는 말

이다. 바울 사도를 비롯한 성경 기자들이 강조한 것과 같이 우리 모든 그리스도인들은 제사장으로서(벧전 2:9; 계 1:6) 친히 자기의 몸과 마음 온 존재를 전적으로 하나님께 제물로 드려야 한다. 한번 드려서 하나님께서 열납하시면 그 제물은 하나님의 것이 된다. 그러므로 의무가 되었든지 명령에 의해서 드렸든지 그 시간 후로 제물은 하나님께서 주장하실 뿐, 바친 사람은 소유권을 주장하지 못하는 것이다.

- 『하나님의 뜻을 아는 방법』(How to Know God's Will), M. H. 넬슨 -

어느 잘 믿는 젊은 아가씨가 불신 가정의 청년과 깊이 사귀는 가운데 결혼하기를 원하면서 자신을 허락했다. 그녀의 친구들은 이 위험천만한 일에 심히 염려하면서 그녀의 방향을 바꾸도록 간곡하게 설득했다. 친구들은 믿지 않는 사람과 멍에를 같이 메지 말라는 성경말씀을 보여 주면서 그녀의 마음을 되돌리려 애썼다. 그러나 말을 하면 할수록 그녀는 자신의 길을 가려고 더욱 굳게 결심하는 것이었다. 결국, 그들은 함께 무릎을 꿇고 기도했다. 그러나 그때, 그녀는 눈물을 삼키면서 이렇게 기도하는 것이었다. "오 하나님, 주의 뜻을 이루소서. 그러나 저에게 지미도 주옵소서…."

내 아들아, 잘 기억하여 두어라. 하나님은 어떤 사소한 일이라도 성경말씀과 역행하면서 우리를 인도하시는 법이 없다. 우리가 이미 알고 있는 진리의 말씀에 기꺼이 순종하지 않으면서 동시에 하나님의 인도하심을 구하는 것은 공연한 시간 낭비일 뿐이다.

너의 몸을 산 제물로 바치라는 말씀은 하나님의 뜻에 완전하게, 자발적으로 합력하라는 뜻이요, 나아가 네 자신을 '단번에, 모든 것을' 하나님의 제단 위에 두어서 네 모든 생애에서 하나님의 선하신 목적과 거룩하신 뜻을 확인하라는 의미이다.

내 아들아, 나는 나 스스로를 예수 그리스도께 온전히 드렸던 첫 사랑의 황홀한 체험을 지금껏 잊지 못하고 있다. 아마, 나의 사는 날 동안 결코 잊지 못할 것이다. 하나님께서는 D. O. 풀러 박사를 사자로 사용하여 강력한 영으로 그날 밤 나를 부르시고 나에게 변화된 삶을 시작하도록 말씀해 주셨다. 나는 그날 밤, 어떤 강력한 힘에 이끌려 '따르는 사람'(conformer)에서 '변화시키는 사람'(transformer)으로 살기를 결단했다. 그리고 다음과 같은 네 가지 생의 목적을 내 성경책 속표지에 기록하여 두었다.

1. 하나님께 영광 돌리는 일을 찾는다.
2. 내면의 삶을 기경(起耕)하여 풍요롭게 한다.
3. 할 수 있는 대로 많은 사람들을 양육한다.
4. 예수 그리스도 안에서 믿음으로 승리하기 위하여 최선을 다한다.

이렇게 결심한 것이 수십 년 전의 일인데 그 후 나는 이 결단을 한순간도 잊지 않고 그렇게 살도록 힘써 왔다.

내 아들아, 너는 하나님의 뜻을 알기 위하여 기꺼이 대가를 지불할 준비가 되어 있느냐? 너는 예수님의 구주되심에 너 자신을 드려 항복한 단계를 거쳤느냐? 그렇게 되기 전까지 너는 결코 하나님의 뜻을 모두 알 수 없을 것이다.

내 아들아, 지금 곧 무릎을 꿇고 시편 기자와 함께 겸손하게 기도하여라. "나는 주의 종이오니 깨닫게 하사 주의 증거를 알게 하소서…주의 말씀을 열므로 우둔한 자에게 비춰어 깨닫게 하나이다"(시 119:125,130).

성별의 삶 (Separation)

세 번째로 청결한 손과 마음을 가진 사람만이 하나님의 뜻을 온전하게 발견하고 이해할 수 있다. 하나님의 뜻은 하나님의 자녀들이 이 세상에서 하나님을 향하여 성별된 삶을 사는 것이다.

내 아들아, 바울 사도의 간곡한 권유를 받으라. "하나님의 뜻은 이것이니 너희의 거룩함이라 곧 음란을 버리고…하나님이 우리를 부르심은 부정케 하심이 아니요 거룩케 하심이니"(살전 4:3,7).

거룩하게 한다는 말은 '깨끗하게 하다,' '간격을 두다,' '떨어져 있다'는 뜻이다. 다시 말하면 우리가 깨끗해지는 것, 곧 하나님을 향하여 세상과는 간격을 두고 떨어져 있는 것이 하나님의 뜻이라는 의미다.

우리가 그리스도를 영접하는 순간, 그리스도께서 치르신 대속의 피값으로 우리는 하나님께 구별되어 있게 된다. 그리고 어느 날, 우리는 죄와 영영 상관이 없게 되고, 그리스도와 함께 영화롭게 들려 올라감을 받게 되는 것이다. 그러나 데살로니가전서 4장 3절은 우리의 현재적인 책임을 강조하는데, 하나님은 우리에게 현실적인 모든 죄에 대항하기를 원하시는 동시에 그러한 상태로 끝까지 유지하기를 원하신다.

- 『너의 생을 향한 하나님의 뜻』(God's Will for Your Life), S. M. 코더 -

무엇보다 데살로니가전서 4장 3절은 우리에게 "음란을 삼가라."고 말씀하고 있다. 성적인 죄를 삼가라는 말씀으로서 '삼가라'(abstain)는 말의 의미는 단순하다. "간격을 두고 떨어져 있으라."는 뜻이다. 너는 세상과 "떨어져 있으라." 얼마나 멀리? 성결을 유지할 수 있을 만큼.

하나님께서는 하나님의 거하시는 처소, 성전 된 우리의 몸이 정결하기를 원하신다. 하나님은 성(性)을 고안하시되 결혼관계를 위해서만 사용하도록 제정하셨다. 성은 선한 것이고 아름다운 것이다. 4절에서도 바울 사도는 말씀한다. "각각 거룩함과 존귀함으로 자기의 그릇(vessel, 우리 개역 성경은 아내) 취할 줄을 알고" 여기서 'vessel'을 몸을 뜻하는 것으로, 어떤 사람은 '아내'라고 해석하기도 하는데, 문맥을 따라서 유심히 관찰하면 '몸'으로 보는 게 옳다고 생각한다. 그러니까 바울 사도는 "너의 몸을 절제하라."고 말씀하는 것이다.

바울 사도는 계속해서 "하나님을 모르는 이방인과 같이 색욕을 좇지 말고 이 일에 분수를 넘어서 형제를 해하지 말라 이는 우리가 너희에게 미리 말하고 증언한 것과 같이 이 모든 일에 주께서 신원하여 주심이니라 하나님이 우리를 부르심은 부정케 하심이 아니요 거룩케 하심이니"(살전 4:5-7)라고 말씀한다. 여기서 형제를 '해하다'(fraud)는 말은 '기만하다'(to deceive), '속이다'(to cheat)는 뜻이다. 그러므로 곧, 하나님 앞에서의 순전하고 무흠(無欠)한 삶을 말씀하는 것이다.

바울 사도께서는 고린도교회에 편지를 쓰면서 "너희는 저희 중에서 나와서 따로 있고 부정한 것을 만지지 말라."(고후 6:17)고 충고했고, 시편 기자는 "내가 내 마음에 죄악을 품으면 주께서 듣지 아니하시리라."(시 66:18)고 노래한다. 이로 보건대, 신자들의 생활에서 아직 고백하지 않은 죄는 하나님의 뜻을 이해하는 데 절대적인 거침돌이 된다.

반복되는 말이지만, 로마서 12장에서 바울 사도는 하나님의 뜻을 발견하는 과정을 요약하고 있다. 우리 믿는 사람들이 자기 몸을 산 제물로 드리도록 권면한 후, 이 세상을 본받지 말라고 명하는 것이다.

여기서, 나는 J. B. 필립이 "세상으로 하여금 네 주위에 머물면서 너를 기름틀에 넣고 쥐어 짜내게 하지 말라."고 해석한 것을 좋아한다. 내 아들아, 너는 결단코 세상 주위를 맴돌면서 그 하는 일들을 따르려고 하지 말라!

요한 사도는 요한일서 2장 15절에서 "이 세상이나 세상에 있는 것들을 사랑치 말라 누구든지 세상을 사랑하면 아버지의 사랑이 그 속에 있지 아니하니."라고 선언하고 야고보 역시 "세상과 벗된 것이 하나님과 원수임을 알지 못하느뇨."(약 4:4)라고 말한다. 하나님과 원수, 생각만 해도 끔찍한 말이 아니냐.

물론, 우리가 세상을 살면서 이 세상이 주는 영향을 완전히 제해 버릴 수는 없을 것이고, 더욱이 사도들께서도 우리에게 이 세상을 떠나 '외계'에서 살라고 말씀하는 것은 아니다. 그러나 성경이 밝히 말씀하는 것은 우리가 '세상 가운데'(in the world) 살면서도 '세상에 속한 자'(of the world)가 되지 말라는 것이다. 우리는 세상 풍조를 받아들여 따라가서도 아니 되고 세상 사람들이 추구하는 삶의 원리를 함께 추구해서도 아니 된다. 우리

가 거룩한 백성으로 구별 되도록 부름 받은 까닭이다.

자, 생각해 보아라. 세상 풍속이나 따라서 육신의 정욕이나 만족케 하고 마귀나 즐겁게 하는 것이 하나님의 뜻을 행하고 이루는 즐거움과 비교가 되겠느냐. 그런데 많은 사람들이 썩지 아니하는 하나님의 영광을 썩어질 사람의 영광과 바꾸고, 하나님의 진리를 거짓 것으로 바꾸고 있다(롬 1:23,25).

우리는 그렇게 될 수 없는 사람들이다! 잘 기억하여 두어라.

하나님께서는 세상을 따르는 자(conformer)로 우리를 부르신 것이 아니라 세상을 변화시키는 사람(transformer)으로 부르셨다.

내 아들아, 네가 참으로 하나님의 뜻을 알기를 원하느냐? 그렇다면 먼저 세상과의 관계, 죄의 문제에 명확해야 한다. 너는 이렇게 기도하여라.

오 주님, 오늘 나의 마음 가운데 계십소서.
나의 길을 주께 드리나이다.
나로 주의 뜻을 행하게 하시고
참된 일을 하도록 도와주소서.

신실함 (Sincerity)

네 번째로, 내 아들아. 네가 참으로 하나님의 뜻을 알기 원하면 너에게는 머리만의 생각을 넘어서 가슴속의 열망과 함께 우리의 삶, 순간순간에 참으로 하나님의 뜻을 따라 신실하게 살고 싶어 하는 간절함이 있어야 한다.

요한복음 7장 17절 말씀은 이를 확인한다. "사람이 하나님의 뜻을 행하려 하면 이 교훈이 하나님께로서 왔는지 내가 스스로 말함인지 알리라."

**그래, 너의 하나님을 애타게 그리워해 보아라,
너의 영이 기진하기까지, 언제나 하나님을 바라보아라.
너의 쇠약해진 몸과 마음이 기쁨으로 가득 차게 되리라…
너에게 굶주림과 목마름과 잠 못 이루는 밤이 있게 하라.
한숨은 하늘에 닿고 욕망은 땅에 가득한 세상에서**

하나님은 그를 애타게 바라는 자를 사랑하시고

그를 목마르게 찾는 자를 기뻐하시느니라…

하나님은 우리게 자신을 주시고자 하여

그렇게 애타는 마음과 사랑으로 찾으셨느니라.

그가 죽기까지 우리를 원하셨다니, 놀라운 일이 아니냐!

하나님은 지금도

우리가 하나님과 함께 있는 것을 애타게 바라시나니…

- F. W. 페이버 -

그런데 내 아들아, 지금까지 우리의 삶은 예수 그리스도 안에서 우리에게 보여 주신 하나님의 계획에 관심을 갖기보다는 우리 자신의 생각에 하나님의 OK를 얻어 내는 데 더 관심을 기울인 것은 아닌지 생각해 보아야 한다.

많은 사람들이 "오, 주여! 나에게 주님의 뜻을 밝히 보여 주소서."라고 기도는 하면서도 이 말이 실제로 의미하는 바는 "주여, 내가 저지른 많은 잘못들에 대하여 양심상의 편안함을 주소서…." 하는 것이거나 "주여, 제가 생각하는 것과 계획하는 것에 주님께서도 도장을 찍어 주옵소서…." 이거나 "주께서 나를 위하여 계획하신 것을 나로 알게 하시고 나도 동의하게 하소서…." 하는 정도이다. 내 아들아, 하나님은 그의 뜻을 장난감처럼 우리에게 드러내 보여 주지 않으신다는 것을 알아야 한다.

대개의 사람들은 물건값을 흥정하는 간교함으로 하나님의 뜻 위에 나 자신의 생각을 슬쩍 얹어 놓고는 스스로 그럴 만한 권리가 있는 것으로 여기고 있다. 그러나 하나님의 말씀인 성경은 이러한 생각이 온당하지 않다고 한다. 성경이 말씀하는 것은 우리가 마땅히 신실한 삶을 살든지 아니면 하나님의 뜻 같은 것은 아예 잊어버리든지 하라는 것이다. 주님께서는 우리가 마음을 다하고 뜻을 다하고 성품을 다하여 하나님의 뜻을 찾아 그 뜻을 따라 살기를 바라시고, 그렇게 하면 우리의 소원이나 이익 같은 것은 염려하지 않아도 된다고 약속하신다. 주께서 "네 길을 지도하시리라."(잠 3:6)라고 말씀하시는데, 우리가 무엇을 더 바라겠느냐.

내 아들아, 너는 참으로 하나님의 뜻 찾기를 바라고 있느냐? 그렇다면, 먼저 간단하게 너 자신에 대해 생각해 보고 여기 하나님의 말씀이 처방한 네 가지를 행해야 한다.

1. 하나님께 자비의 용서를 구하고, 예수 그리스도께서 네게 주시는 구원을 받아들여라.
2. 너의 생을 전적으로 그리스도께 항복하고 내어 맡겨라. 그리고 그리스도께서 너의 주인으로, 너의 구원자로 너를 온전히 주장하게 하라.
3. 너는 스스로 이 세상과 단절하여 멀리 떨어져 있으라. 육신적인 목적과 세상이 주는 쾌락을 찾는 일 따위는 이제 그만두어라.
4. 너의 삶의 동기에서 신실하여라. 하나님을 만홀히 여기지 말라. 제발, 하나님과 게임하려고 들지 말아라. 다만, 너의 욕망을 하나님께 일임하여라. 하나님께서 너의 생을 위한 영광스러운 계획과 거룩하신 뜻을 밝히 보여 주실 것이니라.

이 네 가지 점에서 네가 올바로 서 있으면 그 다음에는 무엇이라도 네 마음대로 해도 좋다.

무슨 말이냐고?

다시 말하거니와 "무엇이든 너의 원하는 대로 해도 좋다."

이 네 가지 점에서 네가 바르게 서 있기만 하면 너는 오직 하나님의 영광만을 원하는 사람이라는 뜻이 된다. 하나님은 우리에게 다만 신실하라고 말씀하신다. 우리의 마음과 뜻과 성품을 다하여 하나님만을 사랑하고 그 앞에서 신실하면서 우리의 마음에 즐거운 대로, 마음껏 해도 좋다는 것이다.

시편 37편 4절은 이것을 확인하는 말씀이다. "또 여호와를 기뻐하라 저가 네 마음의 소원을 이루어 주시리로다." 그렇다. 너는 오늘, 너 하나만을 위하시는 하나님의 뜻을 발견할 수 있게 될 것이다.

3 하나님 뜻 안에서의 인도

매사를 조급하게 서두르는 것은 곧 기도의 죽음이다.

나를 향하신
하나님의 계획

"그를 향하여 우리가 가진 바 담대한 것이 이것이니 그의 뜻대로 무엇을 구하면 들으심이라 우리가 무엇이든지 구하는 바를 들으시는 줄을 안즉 우리가 그에게 구한 그것을 얻은 줄을 또한 아느니라"(요일 5:14-15).

"네가 진리의 말씀을 옳게 분변하며 부끄러울 것이 없는 일꾼으로 인정된 자로 자신을 하나님 앞에 드리기를 힘쓰라"(딤후 2:15).

"마음을 감찰하시는 이가 성령의 생각을 아시나니 이는 성령이 하나님의 뜻대로 성도를 위하여 간구하심이니라"(롬 8:27).

"너는 마음을 다하여 여호와를 의뢰하고 네 명철을 의지하지 말라 너는 범사에 그를 인정하라 그리하면 네 길을 지도하시리라"(잠 3:5-6).

3 하나님 뜻 안에서의 인도

내 아들아, 누차 이야기한 대로 무엇보다 하나님의 뜻을 알고 행하는 것이 우리 그리스도인들의 삶에서 성공의 열쇠가 된다.

침례회의 위대한 설교자 조지 트루엣(George Truett) 박사는 말한다. "하나님의 뜻을 아는 것이 가장 큰 지식이요, 하나님의 뜻을 행하는 것이 가장 위대한 성취이다." 확실히 그렇다. 하나님의 뜻 안에서 실패란 없고 하나님의 뜻 밖에서 성공이란 없는 거라고 확신해도 좋다.

하나님의 뜻을 알고 행하는 것이 우리 그리스도인의 삶에서 승리의 관건이 된다.

그렇다면, 하나님의 뜻을 아는 것이 그렇게 중요하다면, 그 뜻은 어떻게 발견할 수 있는 것인가? 이는 일찍이 나를 위해 예비해 두신 하나님의 계획을 어떻게 알 수 있는가 하는 문제이다.

그런데 내 아들아, 네가 미리 알아야 할 것은 하나님의 뜻을 아는 것은 결코 신비스러운 일이 아니라는 것이다. 하나님의 뜻은 몇몇 특별한 지혜의 은사를 받은 사람만 알 수 있는 게 아니다. 하나님께서 나에게 어떤 일을 하기를 원하시고 어디를 가기를 원하시는지 분별하는 데는 마술이나 심령술과 같은 초능력이 필요한 것이 아니다. 우리 그리스도인에게서 하나님의 뜻을 발견하는 일이란 지극히 평범한 일로서 자연스러운 일이기도 하다. 예수 그리스도께 자신을 온전히 항복하고 자신의 삶을 위탁한 사람에게 하나님의 뜻은 쉽게 이해될 수 있기 때문이다. 우리에게는 하나님의 뜻을 알 수 있는 몇 가지 방법, 도구가 있다.

성경 (The Bible)

내 아들아, 앞서 내가 성경과 하나님의 뜻은 불가분리로 밀접하게 관련되어 있다고 말하였다. 성경은 우리가 이 세상이라는 바다를 항해하는 데 꼭 필요한 나침반이요, 낯선 여행지를 가기 위한 가이드북이요, 활동적인 삶을 위한 청사진이다. 사실, 성경 말고 우리가 어디에서 하나님의 뜻에 관한 완벽한 지침서를 찾을 수 있겠느냐? 앞서 말한 것과 같이 우리를 위한 하나님의 무수한 뜻이 정교하게 우리에게 이미 주어졌지만 우리가 밝히 알지 못하는 것은 그 말씀에 대한 믿음의 부족 때문이고, "우리

가 성경으로부터 말씀을 듣겠나이다." 하는 자세가 되어 있지 않아서 놓치고 있을 뿐이기 때문이다.

바울 사도는 베뢰아 사람들을 크게 칭찬하고 있는데 이는 "베뢰아 사람은 데살로니가에 있는 사람보다 더 신사적이어서 간절한 마음으로 말씀을 받고 이것이 그러한가 하여 날마다 성경을 상고"(행 17:11) 하였기 때문이다.

성경은 수백 수천의 문자적인 지시와 우리가 어떤 일을 결정하려고 할 때 꼭 필요한 하나님의 뜻을 보여 주시는 특별한 계시로 가득하다.

내 아들아, 언제라도 네 마음에 불확실한 것이 있든지, 주님의 특별한 대답을 들어야 하겠거든 먼저 이 문제에 대하여 성경은 무어라고 말씀하시는가를 찾아야 한다.

여기서 네가 먼저 알아야 할 것은, 우리의 삶을 인도하시는 하나님의 뜻은 이미 계시된 하나님의 말씀과 항상 일치한다는 사실이다. 다시 말하거니와, 하나님의 말씀과 역행하여 나타나는 하나님의 뜻이란 없다. 하나님의 뜻은 언제나 하나님의 말쓰인 성경과 정확하게 일치되어 완전한 조화를 이룬다.

하나님은 언제나 성경을 통하여, 성경 안에서 우리에게 말씀하신다. 이는 또한 하나님께서 이 계시의 말씀을 우리에게 주신 이유이기도 하다. 다만, 여기서 중요한 것은 그 계시를 제대로 이해하고 우리의 삶의 문제에 적용하기 위해서는 적절한 해석을 해야 한다는 것이다. 바울 사도는 그의 믿음의 아들 디모데에게 편지하면서 "네가 진리의 말씀을 옳게 분변하며 부끄러울 것이 없는 일꾼으로 인정된 자로 자신을 하나님 앞에 드리기를 힘쓰라."(딤후 2:15)고 말씀한다.

그런데 흔히, 사람들은 성경을 마치 마술 주문처럼 취급하고 있다. 이는 큰 잘못이다.

즉, 여기저기서 마음에 드는 성경 구절을 찾아 엮어 놓고는 그것을 하나님께서 나에게 주시는 말씀으로 받는 것을 '열린 생각'이라고 여기는 것은 마치 영적 퍼즐 게임을 통하여 하나님의 특별한 지시를 받으려는 것이 아니고 무엇이냐.

하나님의 말씀을 이런 방식으로 대하는 것은 어리석은 일이다. M. 코더 박사(Dr. S. M. Coder)가 그의 책 『우리의 삶을 위한 하나님의 뜻』(God's Will For Your Life)에서 지적하는 것을 잘 들어 두어라. "물론…하나님께서는 때로 필요에 의해서 그 자녀들에게 보기 드문 기적적인 방법으로 특별한 성경 구절에 주의하게 하시지만 하나님의 말씀을 그런 미신적인 방법으로 사용하라고 우리에게 주신 것은 아니다."

또 한 가지, 우리가 하나님의 말씀을 자기 좋은 대로 억지로 해석한다든지 이리저리 꾸불꾸불하게 뒤틀리게 이해하면서 하나님의 인도하심을 받겠다는 것 역시 잘못된 방법이다. 하나님께서 그렇게 특별한 방법으로 당신의 뜻을 우리에게 드러내시는 일은 없다. 적절한 성경 해석을 하려면 먼저 적절한 성경 말씀을 묵상한 다음, 하나님이 무엇을 말씀하시는지 알아내기 위해 그 외의 다양한 다른 말씀들을 비교해야 하는데, 많은 사람들이 그 사실을 깨닫지 못하고 있다.

하나님은 우리와 낱말 찾기 게임을 하시려는 게 아니다. 대개의 경우, 우리는 어떤 문맥으로부터 따로 떼어 낸 말씀으로 우리의 필요와 구미에 맞게 재단(裁斷)하여 위로를 받기도 하고 나름의 대답을 얻을 수는 있겠지만 그것으로 하나님의 뜻을 제대로 찾았다고 할 수는 없다.

A. 레드패스 박사(Dr. A. Redpath)는 그의 작은 책 『하나님의 뜻 알아가기』에서 자기의 경험을 이야기하고 있는데, 이는 우리에게 좋은 본보기가 된다.

오래 전, 그는 새로운 목회사역을 시작하려고 하면서 하나님께서도 그 일을 원하시는지 하나님의 뜻을 알기 위해, 먼저 자기가 현재의 일에 머물기를 원하는 쪽의 논거가 될 만한 성경 말씀을 모두 뽑아 리스트를 만들어 기도하기 시작했다. 그리고는 매일 아침 개인적으로 성경을 깊이 묵상하는 것으로 많은 시간을 보내면서 자기가 뽑은 성경 구절을 하나하나 짚어가며 어느 구절이 나에게 주시는 특별한 말씀인가를 꼽아가면서 간절히 기도드렸다. "오 주여, 내가 하나님을 모면하기 위하여 여기에 있는 것이 아니라 오직 주의 선하신 뜻을 알기 원하오니 나를 구원하신 주여, 나를 사용하여 주시고 주의 말씀으로 인도하여 주옵소서. 어느 말씀이 주의 뜻이오니이까…"

그런데 그가 매일매일 이렇게 성경을 펼쳐가면서 기도하는 가운데 거의 매일, 어느 한 구절에 특별한 관심이 가면서 그 말씀이 그에게 말씀하시는 것으로 보였다. 그래서 이번에는 그 구절과는 반대되는 말씀을 찾아 리스트를 만들어 같은 방법으로 기도했다. 연말이 되어서야 그는 새로운 사역을 시작하기로 결심하였는데, 그렇게 하는 동안에 꼬박 1년이 걸렸다. 그는 결코 서두르지 않고 매일 매일, 성경을 읽고 깊이 묵상함으로써 하나님의 뜻을 찾은 것인데 하나님께서 주신 지각을 활용하여 한발자국, 한발자국 하나님이 원하시는 뜻에 다가갔던 것이다. 대개의 경우, 많은 사람들이 너무 급히 서두름으로써 일을 망가뜨리곤 한다.

내 아들아, 너는 참으로 하나님의 뜻을 알기를 원하느냐? 그렇다면, 너는 먼저 하나님의 말씀 안에서 그 뜻을 찾아야 한다. 시편 기자는 다시 말한다. "주의 말씀을 열므로 우둔한 자에게 비취어 깨닫게 하나이다"(시 119:130). 참으로 기록된 하나님 말씀의 유용한 능력 안에서 하나님의 빛이 너에게 비치는 것을 깨닫게 될 것이다.

기도 (Prayer)

그동안 내가 겪었던 무수한 잘못과 열매 없이 끝난 일들의 대부분은 기도가 소홀했던 데서 비롯된 일들이다. 나는 좋은 글을 읽기도 하고 쓰기도 하며, 또 회개하고 준비된 마음으로 하나님의 음성을 들을 수도 있지만 이 모든 일들보다 기도가 나를 내실 있는 신령한 사람이 되게 하였고, 나의 속화된 마음을 하나님께 향하도록 하는 데에도 다른 어떤 영적인 의무보다 기도가 최선이었다.

- R. 뉴턴 -

하나님의 뜻 안에서 인도 받는 또 다른 도구는 기도이다.

하나님은 성경 '안'에서 우리에게 말씀하시고, 우리는 기도로써 하나님께 우리의 생각을 말씀드리게 된다. 올바른 교통이란 이렇게 쌍방이 동시적으로 참여하지 않으면 이루어지지 않는다. 우리의 생에 대한 하나님의 계획과 뜻을 알려면 우리는 하늘의 아버지께 쉬지 말고 기도함으로써 계속적인 소통을 유지해야 한다. 누군가 말했듯이 "하나님의 뜻에 이르는 길에 기도 말고 다른 길이란 없다."

내 아들아, 성경을 깊이 읽어 보아라. 교회 역사를 유심히 살펴보아라. 위대한 일을 한 사람들은 예외 없이 하나님 앞에 오랜 시간 꿇어 엎드려 기도한 사람들이라는 공통점이 있다는 것을 알 수 있을 것이다.

나는 이번 학기 동안, 새벽마다 기도하는 일을 한두 번 놓쳤을 뿐이다. 나는 그리스도를 영접한 후 새벽마다 기도하는 것이 가장 중요한 일이라고 믿게 되었다. 기도와 성경을 깊이 묵상하는 것으로 하나님의 뜻을 받들지 않으면 일이 제대로 되지 않는다는 것을 알았던 것이다.

- W. W. 보던 -

폴 리틀(Paul Little)은 그가 아직 대학에 다닐 때 채플에서 "너희 중에 하나님의 뜻에 관심을 가지는 사람이 있느냐, 그렇다면 하루에 단지 5분씩만 지속적으로 하나님의 뜻을 찾으라!"는 설교 말씀을 듣고 그대로 실천하여 자기의 생애가 변화되었다고 간증한다. "나는 그 말씀을 듣는 순간, 마치 누군가 내 목덜미를 억누르고 잡아끄는 듯한 강렬한 느낌을 받았다. 그 후로 나는 대학을 졸업하기까지 캠퍼스를 거닐면서, 여러 사람들과의 만남 가운데서, 그리고 책을 읽으면서 그 '5자간의 비밀'을 찾는 가운데 좌절감을 물리치고 내 마음 깊은 곳에서 하나님의 뜻을 찾아내기 위해 힘썼다. 그 후로 오늘까지 모든 것을 하기 전에 먼저 하나님 앞에 나아가 하나님의 인도하심을 구하는 일은 계속되고 있다…."

> "가장 사악한 신자라도 무릎을 꿇고 기도하면
> 사탄은 그 모습에 무서워 떨게 된다."

어떠냐, 내 아들아! 너는 하루에 단 5분 동안 만이라도 하나님의 뜻을 구하는 일에 관심을 가지고 있느냐? 핍박자 사울이 다메섹 도상에서 하나님을 만나 사도 바울로 변화되는 순간의 이야기는 매우 흥미로운데, 그가 가장 먼저 한 질문은 "주여, 내가 무엇을 하리이까?" 였다. 그에게는 하나님의 뜻을 아는 것이 최우선이었다. 자기 생명의 안전을 구하기 전에 먼저 하나님의 뜻을 찾았던 것이다. 실로 우리의 하루 일과 중, 복잡한 군중 가운데서 뛰쳐나와 하나님과 단둘이 만나는 그 일보다 더 중요한 일이란 없다.

내 아들아, 나는 네 엄마가 무엇에 관심을 가지고 있는지에 대하여 누구보다 많은 것을 알고 있다. 나는 네 엄마가 무엇을 좋아하고 무엇을 싫어하는지 누구보다 잘 안다. 나는 네 엄마가 무슨 음식을 좋아하고 어떤 책 읽기를 좋아하는지, 어떤 음악을 즐기는지 하는 것들도 잘 알고 있다. 수십 년 동안 결혼생활을 계속 해오면서 네 엄마와 친밀한 소통을 가진 결과이다. 나는 네 엄마를 즐겁게 해 줄 수 있는 일도 누구보다 잘 알고 있다.

나는 악마를 두려워하거나 대적하는 일보다 기도하는 일이 더욱 중요하다고 생각했다. 만일 그렇게 하지 않았으면 나는 벌써 오래 전에 이 모든 일들에 실패하고 말았을 것이다. 사람들은 하나님께서 나에게 주신 놀라운 기적도 보지 못했을 것이고, 하나님께서 나를 통하여 이루신 위대한 역사도 알 수 없었을 것이다. 내가 만약 단 하루라도 기도를 게을리 했다면 나는 많은 믿음의 불길을 소멸시켜 버렸을 것이다.

- M. 루터 -

이렇게 우리가 하늘의 아버지와 친밀하게 대화할수록 하나

님의 뜻을 더 잘 알게 되는 것은 당연한 일이 아니겠느냐. 우리가 하나님의 존전(尊前)에서 겸손하게 더 많은 시간을 들여 기도할수록 하나님의 뜻을 알지 못해 방황하는 시간은 줄어든다. 기도야말로 하나님의 뜻을 알도록 인도하는 가장 중요한 방법이 된다.

매사를 조급하게 서두르는 것은 곧 기도의 죽음이다.

- S. 채드윅 -

기도는 우리가 하나님의 뜻을 찾는일에 실패한 후 덧붙여 재시도하는 '어떤 일'이 아니다. 그렇다. 기도는 하나님께서 우리에게 주신 것들 가운데서 가장 먼저 사용하여야 할 자원이다.

- T. B. 매스턴 -

성령의 역사 (The Work of the Holy Spirit)

우리의 기도는 상향적인 것으로 곧 우리 안에 역사하시는 성령의 하향적, 내향적인 사역과 밀접하게 관련되어 있다. 예수님이 그 사랑하시는 제자들에게 성령 곧 위로의 보혜사께서 오실 것이고, 그가 우리를 모든 진리로 인도하실 것이라고 말씀하신 것을 기억하여라. 이는 지혜의 성령께서 우리를 친히 지도하셔서서 우리로 하나님의 진리를 알게 하시는 역사를 말씀하신 것인데, 우리 그리스도인의 삶에서 나타나는 가장 중요한 성령의 사역은 지혜와 분별력을 주시어서 하나님의 뜻을 알게 하시는 일이다.

바울 사도는 "무릇 하나님의 영으로 인도함을 받는 그들은 곧 하나님의 아들이라."(롬 8:14)고 선언하고는 빌립보교회에 편지하면서 "너희 안에서 행하시는 이는 하나님이시니 자기의 기쁘신 뜻을 위하여 너희로 소원을 두고 행하게 하시나니."(빌 2:13)라

고 쓰고 있다. 하나님의 영은 우리의 삶에서 놀라운 역사로써 하나님의 뜻을 밝히 알게 하시는데, 그 이전에 우리는 먼저 우리 자신을 하나님께 기꺼이 드림으로 오직 성령으로 충만해져야 한다(엡 5:18).

그러면 성령께서는 우리 그리스도인의 삶을 어떻게 지도하시는가. 보통은 우리 안에서 세미하고 조용한 음성으로 깨우치시지만 때로는 강력한 충동으로 몰아내어 그 원하시는 일을 하게 하기도 하신다. 사도행전에는 그렇게 특별한 방법으로 역사한 일들이 많이 나타나고 있다. 빌립 집사가 사마리아 성에서 매우 바쁘게 성공적으로 복음을 전하고 있을 때 성령께서 "일어나 남쪽 가사로 가라."고 하시고는 그를 갑자기 옮겨 놓으시므로 그는 하나님의 말씀에 목말라하는 에디오피아의 내시를 만나 특별한 전도 사역을 할 수 있었다. 베드로 사도 역시 성령의 이끌림을 받아 그때까지는 금기시되었던 이방인 고넬료의 집에 들어가 그리스도의 복음을 전할 수 있었고, 바울 사도가 아시아가 아닌 마게도니아로 가게 된 것도 성령의 직접적인 지시 때문이었다. 이렇게 성경에 하나님의 사람들이 성령의 직접적인 지도를 받아 일한 것은 그 예를 꼽을 수 없을 정도로 많은데 오늘날에도 하나님의 자녀에게 성령의 음성은 너무도 선명하여 귀에 생생하게 들리기도 한다.

일상의 형편 (Normal Circumstances)

하나님 뜻 가운데 우리가 인도 받는 일은 우리의 일상적인 삶의 평범한 경험을 통해서도 나타난다.

영국의 위대한 설교가 F. B. 마이어(F. B. Meyer)는 "우리가 하나님의 뜻을 알려고 할 때는 언제나 다음과 같은 세 가지의 일들이 합지되어 나타난다. 내적인 강한 욕구, 하나님의 말씀인 성경, 그리고 주변의 되어 가는 형편이다. 이 세 가지가 일치되기 전까지는 아무 일도 하지 말라."고 엄히 말한다.

때로, 우리 앞에서 일어나고 있는 현실적인 일들이야말로 하나님께서 우리를 위하여 예비하신 일과 하나님께서 원하시지 않는 일을 구별하는 가장 강력한 증거가 된다. 가령, 네가 어느 성가대에 들어가서 독창자로 노래하고자 할 때, 먼저 너의 은사와 능력뿐 아니라 그 일을 통하여 일어나는 즐거움, 그리고 다른 성가대원들이 네가 독창자로 일하는 것을 기뻐하리만큼 원하는가 하는 것을 꼽아보는 것이다.

그러나 내 아들아, 간혹은 이러한 주변 형편과 눈앞에 전개되는 사실들을 너무 크게 고려해서도 안 된다. 너무도 많은 경우, 하나님의 뜻을 찾으면서 이 주변 사정을 지나치게 골똘하게 고려하다가 오히려 혼란에 빠지기도 한다. 하나님은 우리를 섭리하심에 있어 몇 개의 걸림돌과 장애물을 놓으시고는 우리가 그것을 헤쳐 나가기를 원하시는 경우도 있기 때문이다. 또, 하나님은 친구들과 가까운 친지들의 충고와 조언이라는 방법을 사용하기도 하시는데 요컨대, 하나님은 우리를 그의 뜻으로 인도하시기 위하여 우리 자신의 단조로운 경험에만 맡겨 두지는 않으시는 것이다.

우리의 삶을 인도하시는 하나님의 방법은 매우 다양하고, 또 주께서 베푸시는 지도의 방법은 항상 우리에게 좋은 것들임에 틀림없는데, 문제는 하나님의 지도를 전달하는 사람들의 지혜와 방법에 제약이 있고 또 그것을 받아들이는 우리도 때로 실수를 한다는 점이다. 많은 경우, 하나님으로부터 오는 신호, 하나님의 뜻을 알리는 지시등(指示燈)은 정확한데 우리 안의 기기(器機)들이 제대로 작동하지 않아서 그만 하나님의 뜻을 놓치는 때가 많다.

내 아들아, 네가 참으로 하나님의 뜻을 알기를 원하거든 먼저 네 삶의 주변에서 일어나는 일들의 형편을 주의 깊게 살펴보아라. 동시에 하나님의 말씀을 주야로 묵상하면서 기도에 많은 시간을 할애하여라. 거기에다, 성령께서 들려주시는 내면의 음성에 민감하여라. 물론 하나님께서 너의 길에 갖다 두시는 일상의 일들에 대해서도 깊이 고려해야 할 것이다.

야고보 사도께서도 말씀한다. '너희 중에 누구든지 지혜가 부족하거든(하나님의 뜻을 알기 원하거든) 모든 사람에게 후히 주시고 꾸짖지 아니하시는 하나님께 구하라 그리하면 (알려)주시리라"(약 1:5). 하나님께서는 너에 대하여 깊은 관심을 가지시고 너를 위하여 영광스러운 계획과 목적을 예비하시고 너와 함께 그것을 나누시기를 원하신다.

하나님의 뜻을 아는 여섯 단계

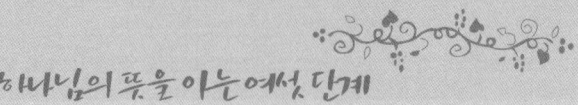

(1) 나는 처음부터 나에게 이미 주어진 일들의 정황에서부터 하나님의 뜻을 찾는다. 이미 주어진 일들과 무관하게 나타나는 하나님의 뜻이란 없기 때문이다. 사람들이 겪는 문제의 9/10가 여기에서 비롯되었고, 우리가 하나님의 뜻을 행하려고 마음먹을 때 압도되는 어려움의 9/10도 여기에 있다. 동시에 하나님의 뜻을 알면서 해결에 이르는 길 역시 여기에 있다.

(2) 그 일을 한번 시도해 보는 것이다. 나는 그 일에 대한 단순한 인상이나 느낌의 결과를 무시하지 않는다. 그것을 무시하면 나는 나 스스로를 속이는 것이다.

(3) 성경말씀과 관련하여, 또 그 말씀을 통하여 내 안에서 역사하시는 성령의 감동을 깊이 묵상한다. 성령의 역사와 하나님의 말씀은 반드시 결합되어 나타난다는 것이 나의 경험이다.

하나님의 말씀과 관계없이 성령의 역사만이 나타난다면 더욱 큰 혼란 가운데 빠져들게 될 것이다. 성령께서 나를 전적으로 인도하신다면 성경말씀을 따라 지도하시지 결코 말씀과 역행하여 행하시는 일은 없다.

(4) 그 다음, 내가 처해 있는 형편에 대하여 면밀히 고려한다. 때로 이 단계에서 하나님의 뜻은 하나님의 말씀과 성령의 깨우치심으로 명백하게 나타나기도 한다.

(5) 그 다음에는 하나님의 뜻이 나에게 바르게 드러나기를 간절히 기도한다.

(6) 그리고 하나님께 기도하는 동안 말씀을 깊이 읽고 묵상하면서 나의 지식과 능력으로 최대한 무엇을 할 수 있는지를 깊이 생각한다. 그 다음, 내 마음에 평화가 오면 나는 계속해서 두세 번 더욱 간절하게 기도한다. 하찮은 일이나 방법도 간과하지 않는다. 나는 우리가 보기에 하찮은 일이 중요한 문제로 발전하는 경우도 많이 보아왔다.

- G. 뮬러 -

4 우리는 하나님의 뜻 안에서 행복할 수 있다

하나님의 뜻 안에 사는 것이 성공하는 삶을 사는 그리스도인의 유일한 길이다.

나를 향하신 하나님의 계획

"그가 또 가로되 우리 조상들의 하나님이 너를 택하여 너로 하여금 자기 뜻을 알게 하시며 저 의인을 보게 하시고 그 입에서 나오는 음성을 듣게 하셨으니 네가 그를 위하여 모든 사람 앞에서 너의 보고 들은 것에 증인이 되리라"(행 22:14-15).

"너희 중에 누가 아들이 떡을 달라 하면 돌을 주며 생선을 달라 하면 뱀을 줄 사람이 있겠느냐 너희가 악한 자라도 좋은 것으로 자식에게 줄줄 알거든 하물며 하늘에 계신 너희 아버지께서 구하는 자에게 좋은 것으로 주시지 않겠느냐"(마 7:9-11).

"나라이 임하옵시며 뜻이 하늘에서 이룬 것같이 땅에서도 이루어지이다"(마 6:10).

"내가 하늘로서 내려온 것은 내 뜻을 행하려 함이 아니요 나를 보내신 이의 뜻을 행하려 함이니라"(요 6:38-39).

"조금 나아가사 얼굴을 땅에 대시고 엎드려 기도하여 가라사대 내 아버지여 만일 할 만하시거든 이 잔을 내게서 지나가게 하옵소서 그러나 나의 원대로 마옵시고 아버지의 원대로 하옵소서"(마 26:39).

"너는 마음을 다하여 여호와를 의뢰하고 네 명철을 의지하지 말라 너는 범사에 그를 인정하라 그리하면 네 길을 지도하시리라"(잠 3:5-6).

4. 우리는 하나님의 뜻 안에서 행복할 수 있다

　내 아들아, 누차 말하였듯이 우리는 하나님의 뜻 안에서만 행복할 수 있다. 그러므로 결코 하나님의 뜻을 두려워 할 필요는 없는 것이다.

　그런데 많은 사람들이 하나님의 뜻을 왠지 우리를 유쾌하게 하지 않는 것으로 여기면서 하나님의 목적에 자신을 기꺼이 복종시키기를 싫어한다. 이들은 하나님의 뜻과 자신들의 행복은 양립할 수 없는 것으로 생각하면서 마치 니느웨로 가기를 거부하고 도망한 요나와 같이 하나님의 계획을 회피하려고 많은 시간을 낭비하기도 한다. 하나님의 뜻이 어쩐지 자기들을 불쾌하게 한다고 생각하는 것이다.

그러나 내 아들아, 성경에 의하면 진리를 벗어난 일이란 아무것도 없다. 성경은 우리가 주 안에서 즐거워하면, 곧 하나님께서 온전히 내 삶을 주장하시도록 맡겨드리면, 하나님께서는 우리 마음의 소원을 이루어 주신다고 말씀하신다(시 37:4).

앞에서 너에게 하나님의 뜻을 아는 것이 왜 중요한지, 또 하나님의 뜻이란 무엇이고 하나님께서 그의 뜻을 어떻게 드러내시는지 그리고 하나님의 뜻을 아는 몇 가지 방법에 대하여 이야기했다.

이에 덧붙여 하나님의 뜻을 아는 것과 관련된 세 가지의 중요한 진리를 이야기해 주마.

1. 하나님은 그의 뜻 안에서 그 자녀들이 행복하기를 원하신다

내 아들아, 먼저 알아야 할 것은 하나님은 인색한 스크루지 영감이 아니라는 사실이다. 더욱이 우리 머리 위에서 채찍을 휙휙 휘두르면서 무서워 벌벌 떨게 하는 무자비한 독재자도 아니다.

폴 리틀(Paul Little)의 말대로, 하나님은 어떤 사람들이 생각하는 것처럼 "하늘의 발코니에서 누구 좀 행복한 사람이 없나 하고 엿보다가 조금이라도 인생을 즐기는 사람을 볼라치면 '자, 되었다. 이젠 그만두어라!' 하고 소리 지르는 심술 맞은 영감님이 아니다." 하나님에 대한 이러한 생각은 중대한 오해요, 하나님을 모독하는 것이다.

오히려 하나님은 그 자녀들에게 최선의 것을 주시기를 좋아하시며, 우리가 이 땅에서 즐겁고 행복하게 살기를 원하신다. 이것이 믿어지느냐, 내 아들아! 믿어지지 않으면 너의 생각을 바꾸어야 한다. 하나님은 네가 확고한 목적을 가지고 너에게 허락된 인생을 최대한 즐기면서 살기를 원하신다.

한 걸음 나아가, 하나님께서는 우리가 세상을 즐기는 것보다

훨씬 더 고차원의 즐거움을 누리길 원하신다. 믿어지지 않겠지만 이것은 성경이 말씀하는 바와 같이 절대적인 사실이다. 문제는 우리가 생각하는 즐거움과 행복이 우리를 위한 최선의 것이 아니라는 점이다.

우리 주위에는 많은 '유해한 즐거움'이 넘치고 있다. 오늘날 거리마다 골목마다 홍수를 이루고 있는 문학과 미디어들은 음란한 것들로서, 이런 유(類)의 즐거움이란 우리의 말초신경이나 만족시키는 육신적이고 정욕적이며 마귀적인 것들이다.

물론 이런 사악한 것들도 일시적으로 약간의 쾌락을 주기도 한다. 그러나 내 아들아, 사탄은 결코 어리석지 않다는 사실을 기억하여라. 사탄은 우리들의 마음을 빼앗고 황홀하게 만들지만 그 즐거움은 오래 가지 않는다. 우리를 잠시 달콤하게 하다가 쓰디쓴 독만 남길 뿐이다. 그리고 우리를 죄의 노예로 삼아 저급한 즐거움에 몰두하게 만들고 더욱 깊이 빠지게 하여 결국 파멸에 이르게 한다.

어떤 이들은 하나님께서 우리를 변혁시키기 전에 먼저 우리의 삶에서 즐거운 것들을 모두 걷어내야 하는 것처럼 말하는데, 사실은 그렇지 않다. 하나님께서 참으로 원하시는 것은 우리를 참 즐거움으로 인도하셔서 우리로 영원한 성취와 만족을 누리게 하는 것이다. 즉, 우리가 하나님의 뜻을 찾아 구하면 하나님께서는 우리가 올바르게 선택하도록 도와주셔서 마침내 하나님의 영광을 볼 수 있도록 도와주신다는 것을 깨달을 수 있다. 하나님은 때로 우리 앞의 문을 열기도 하시고 또 닫아걸기도 하시는데, 이는 우리를 올바른 방향으로 인도하시기 위한 일일 뿐 우리를 불행케 하시려는 게 아니다. 하나님은 우리의 관심과 소원을 적절하게 만들어 주심으로 우리로 넘어지지 않고 함정에 빠지지 않게 하신다.

너는 네 육신적인 아집과 주장을 포기하고 그리스도께서 너의 생을 온전히 주장하시게 하는 데서 오는 참 즐거움을 경험한 적이 있느냐? 그 기쁨을 어디에 비할 수 있겠느냐! 하나님의 최종적인 뜻은 너와 나, 우리 모두가 이러한 행복을 누리는 것이다! 그러므로 내 아들아, 하나님께서 우리 삶을 인도하시는 것을 두려워할 이유가 없다. 바울 사도께서 로마의 그리스도인들에게 편지하면서 "하나님의 선하시고 기뻐하시고 온전하신 뜻"(롬 12:2)이라고 말씀한 것을 기억하여라. 이것이 바로 하나님께서 우리에게 원하시는 것이다.

폴 리틀(Paul Little)이 말한 것처럼 우리는 항상 "우리 스스로 원하는 것을 행하면 행복한 일"이고, "하나님이 원하시는 것을 행하는 것은 어렵고 힘든 일"이라는 생각 사이에서 선택하게 되므로 하나님의 뜻을 잘못 생각하게 되는 것이다. 사람들이 생각하기를 하나님의 뜻은 왠지 시대에 뒤떨어진 궁상맞은 것이고 고생스럽고 곤궁한 것이라고 여긴다. 그러나 내 아들아, 다시 말하거니와 진리를 벗어난 일이란 아무것도 없다.

O. 호프만 박사(Dr. O. Hoffman)가 말했듯이 우리에게 선물 꾸러미를 주신 하나님께서 리본은 아까워하실 거라고 생각하느냐? 그리스도를 우리에게 보내시사 그를 통하여 영원한 생명을 주신 하나님께서 그 자녀들을 비참한 곤궁 가운데 살게 하시다가 결국에는 실패로 생을 마치게 하시겠느냐? 이 얼마나 어리석은 생각이냐!

내 아들아, 제자들에게 주신 예수님의 말씀을 기억하여라. 또한 그 말씀을 믿으라. "너희 중에 누가 아들이 떡을 달라 하면 돌을 주며 생선을 달라 하면 뱀을 줄 사람이 있겠느냐 너희가 악한 자라도 좋은 것으로 자식에게 줄줄 알거든 하물며 하늘에 계신 너희 아버지께서 구하는 자에게 좋은 것으로 주시지 않겠느냐"(마 7:9-11). 우리와 같이 어리석은 부모들이라도 그 자녀들에게 가장 좋은 것, 때로는 필요 이상의 것을 주고 싶어 한다.

자녀들을 사랑하기 때문이다. 부모들은 그 혈육에게 어버이로서 지극한 애정을 보여 주고 싶어 한다.

그러니까 마태복음 7장에서 예수님의 말씀은 단순한 것이다. '너희는 왜 하늘에 계신 너희 아버지께서 선하시고, 또 더 좋은 것을 주실 수 있는 분이라고 생각하지 못하는 것이냐, 너희 부모가 그 자녀들에게 좋은 것을 주고 싶어 하는 것보다 하나님께서 그분의 자녀 된 너희들에게 지극한 관심을 가지고 더 좋은 것을 주시고 싶어 하신다는 사실을 너희는 왜 깨닫지 못하는 것이냐!'

내 아들아, 잘 기억하여 두어라. 우리 육신의 부모들이 그 자녀를 사랑하는 것과는 비교도 할 수 없을 만큼 하나님 아버지는 자녀 된 우리를 사랑하신다. 성자 예수 그리스도는 우리를 위해 죽기까지 하셨다. 그리고 성령께서는 우리 신자들 안에 영원토록 거하시면서 우리를 위로하시고 격려하신다. 우리를 위하시는 삼위 하나님이시다. 우리를 자녀로 지으시고 매일 매일의 삶을 거룩하게 유지시키시는 하나님께서 그의 뜻을 받들어시는 우리를 행복하게 하시지 않겠느냐? 하나님은 그 자녀들에게 최상의 것을 주시면서 우리가 그의 뜻 안에서 행복하기를 원하신다.

2. 하나님의 뜻은 결코 우리의 뜻과 역행하지 않는다

흔히 사람들은 어떤 일에 강한 욕망을 가질 때 그것이 옳지 않은 일이라고 스스로 여기면서 이 일은 하나님의 뜻이 아닐 거라고 지레 단정하곤 한다. 나는 얼마 전에 의사가 되고 싶은 원대한 꿈을 가진 어느 젊은이와 만난 적이 있는데 그는 매우 의기소침해 하고 있었다. 그는 자기의 관심과 적성과 재능, 교육적 배경, 거기다 자기 스스로 의사가 직업에 이상적으로 꼭 맞는다고 생각하면서도 주저하고 있었다. 나타나는 모든 표지들이 너무도 잘 들어맞고 자기도 열망하는 이러한 모든 것들이 오히려 자신의 육신적인 욕망을 이루려는 것이 아닐까 하여 하나님의 뜻이 아닐 거라고 고민하고 있었던 것이다. 그러나 내 아들아, 잠깐 생각해 보아라.

내가 조금 전에 하나님께서는 우리가 행복해지기를 원하시고, 거기다 하나님은 우리에게 최선의 것을 주고 싶어 하신다고 말했다. 바울 사도 역시 하나님의 뜻은 선하셔서 기뻐할 만하다고(acceptable, 받아들일 만하다고) 하였다. 그런데 많은 사람들이 이 명백한 사실들을 왜 의심하고 있는 것이냐. 왜 성경말씀에 의지하여 하나님은 우리를 선하게 인도하실 뿐 아니라 우리에게 올바른 꿈과 소망을 주신다고 믿지 못하는 것이냐 말이다.

다윗은 "또 여호와를 (여호와 안에서 네 자신이) 기뻐하라 저가 네 마음의 소원을 이루어 주시리로다 너의 길을 여호와께 맡기라 저를 의지하면 저가 이루시고 네 의를 빛 같이 나타내시며 네 공의를 정오의 빛같이 하시리로다."(시 37:4-6)고 하였다. 솔로몬에게 나타나신 하나님은 무엇이든지 원하는 대로 다 주시겠다면서 청구하라고 하셨다. 물론 솔로몬은 자기의 뜻을 말했고 하나님은 기쁘게 그 소원을 수리하여 다 허락하셨다. 하나님께서 솔로몬에게 직접 나타나셔서 선택하라고 하셨고 또 솔로몬의 선택을 칭찬하셨다고 해서 우리에게도 항상 그렇게 하실 거라고 생각하지는 말라. 내 아들아, 다만 기억하여라. 하나님은 "우리를 위하시는"(롬 8:31) 분이시다.

우리가 하나님 안에서 스스로 즐거워한다는 것이 무슨 의미인지를 아는 것은 어려운 일이 아니다. 그것은 하나님의 말씀을 따라 사는 것이고, 그의 말씀 안에서 그를 존귀케 하는 일을 찾는 것이고, 주께서 원하시는 일을 주를 위하여 행하는 것이다.

- S. M. 코더 -

"하나님의 뜻을 아는 방법"(How to Know God's Will)이란 글

에서 W. 앤더슨(W. Anderson)은 이렇게 설명한다. 하나님께서는 그 자녀들을 일정 기간 율법 아래, '종'으로 있게 하신 때가 있었다. 그러나 바울 사도가 말한 것처럼 "이후로는 종이 아니요 아들"(갈 4:7)이 되었다. 우리는 더는 노예의 법조문(法條文) 아래 있지 않고 자유한 자가 된 것이다.

오늘, 우리 그리스도인들은 구약의 개념과는 완전히 다른 법 아래 있다. 그것은 장성한 아들과 아직 노예의 법 아래 있는 미성년 아들의 차이와 같다. 그런데 많은 사람들이 과거, 율법 아래 있으면서 무수한 율례와 법을 노예처럼 말없이 따라가던 옛날을 그리워하면서 아들로서의 권리와 책임과 자유를 포기한 채 살아가고 있다.

하나님은 우리를 윽박질러서 그의 뜻대로 따라오기를 원치 않으신다. 우리는 리모컨

에 의해 조종되는 로봇이나 무능력자가 아니다. 우리는 무서워 벌벌 떠는 종이 아니라 하나님께서 주신 거룩한 지혜로 바르게 결정할 수 있는 분별력을 가진 성숙한 하나님의 자녀이다.

그리스도인으로서 매일 하나님의 말씀을 묵상하면서 기도하는 사람이라면, 더욱이 하나님과의 올바른 관계 속에서 양육되고 성장한 사람이라면 그는 바른 선택을 할 권리와 책임이 있는 믿음의 장성한 자녀이다. 자녀이면 그 바라고 소원하는 것들이 당연히 아버지 하나님의 뜻과 일치될 것이다.

흔히들, 우리 스스로 하나님의 뜻 한가운데 있다고 자처하기도 하고, 그것이 바로 하나님의 원하시는 바, 뜻이라고 생각하는데 때로 맞을 수도 있겠지만 이것을 K. 파이크(K. Pike)가 적절한 비유로 설명한다. "하나님의 뜻은 마치 텔레비전의 전파가 있는 진공관이나 유도장치(guide, 導子)의 내부와 같다 할 것이다. 내가 이해하기로, 그 진공관 안에서 전파는 앞과 뒤, 좌우 어느 방향이든지 자유자재로 오갈 수 있다. 그 진공관 안에 남아 있는 한 완전한 자유가 있다. 이것이 특별하고도 안전한 경계선 안에서의 자유로서, 바로 너와 내가 하나님의 뜻 아래서 누리는 무한의 자유와 같은 것이다."

하나님의 뜻이 우리의 소원과 결코 역행하는 것이 아니라는 말은 바로 이것이다. 우리에게는 선택할 수 있는 자유가 주어졌다. 토저(A. W. Tozer)가 말한 대로 예수 그리스도께 전적인 기쁨으로 자기 자신을 항복하고 맡긴 사람은 누구라도 곁길로 갈 수는 없다. 어떤 선택을 하더라도 하나님의 뜻 안에서 바르게 행하게 되는 것이다.

3. 하나님의 뜻 안에 사는 것이 성공하는 삶을 사는 그리스도인의 유일한 길이다

내 아들아, 너는 하나님의 뜻을 따라 그의 뜻 안에서 온전히 살고 싶으냐? 너는 가장 모범적인 모델을 예수 그리스도의 삶에서 볼 수 있다. 그리스도의 전 생애는 하나님 아버지의 뜻에 전적으로 순종한 것이었다. 그리스도는 명백하게 말씀한다.

"내가 하늘로서 내려온 것은 내 뜻을 행하려 함이 아니요 나를 보내신 이의 뜻을 행하려 함이니라"(요 6:38-39). 또 다른 데서는 "나의 양식은 나를 보내신 이의 뜻을 행하며 그의 일을 온전히 이루는 이것이니라."(요 4:34)고 하셨고, 그 제자들에게 기도를 가르치시면서 "뜻이 하늘에서 이룬 것 같이 땅에서도 이루어지이다."(마 6:10)라 하셨으며, 마지막 겟세마네에서 십자가를 바라보시면서는 "아버지여 만일 아버지의 뜻이어든 이 잔을 내게서 옮기시옵소서 그러나 내 원대로 마옵시고 아버지의 원대로 되기를 원하나이다."(눅 22:42) 하고 기도하셨다. 실로, 예수 그리스도의 전 생애는 하나님의 뜻에 완전히 합치되면서 자기를 복종시키는 삶이었다. 그렇다! 우리 역시, 우리 안에 거하시는 성령의 능력을 통하여 하나님의 뜻을 따를 수가 있다.

텔레비전 진공관 내부의 전파가 유도장치로 인하여 밖으로 나갈 수 없는 것처럼, 우리 역시 '우리를 위하시는' 하나님의 목적과 계획을 실현하기를 원하는 한, 우리의 삶을 주장하시는 하나님의 강력한 뜻으로 인하여 바깥으로 나갈 수 없다. 또한 이미 나타난 하나님의 뜻과 하나님의 말씀을 고의로 무시하고 행복하기를 기대할 수는 없다. 그렇게 될 수도 없다! 하나님의 목적을 아는 것은 하나님의 자녀에게서 취사선택의 문제가 아니다! 에베소 사람들에게 바울 사도는 "오직 주의 뜻이 무엇인가 이해하라."(엡 5:17)고 명하는데, "하나님의 뜻을 발견하라!"는 이 말씀은 성경의 다른 어떤 계명만큼이나 중요한 명령이다.

네가 앞으로 살아가면서 하나님의 뜻, 곧 그의 전파 유도장치 안에 남아 있는 한, 너는 하나님의 축복을 실감하게 될 것이고, 하나님의 말씀에 순종하면서 성령의 인도하심에 순복하여 지도를 받는 한, 너는 마침내 성공하게 될 것이다.

최근, 허리케인을 연구한 미국 기상청은 그 위력을 알아보기 위해서 허리케인의 한가운데로 몇 사람을 들여보낸 적이 있다. 그 허리케인의 눈, 한가운데 들어간 사람들에 의하면 거기에는 매우 놀랍게도 완전한 고요한, 바람 한 점 없는 절대 평온이 있더라고 전했다. 우리 그리스도인도 마찬가지이다. 대혼란과 실패로 포위되고, 삶의 쟁투와 싸움 속으로 던져진 그리스도인은 마치 허리케인 한가운데서 평온한 고요함을 누리듯, 하나님의 뜻 한가운데서 그러한 평화를 만나게 될 것이다.

시편 기자는 참 행복을 발견한 복된 사람에 대하여 노래하고 있다.

"복 있는 사람은 악인의 꾀를 좇지 아니하며 죄인의 길에 서지 아니하며 오만한 자의 자리에 앉지 아니하고 오직 여호와의 율법을 즐거워하여 그 율법을 주야로 묵상하는 자로다 저는 시냇가에 심은 나무가 시절을 좇아 과실을 맺으며 그 잎사귀가 마르지 아니함 같으니 그 행사가 다 형통하리로다"(시 1:1-3).

5 하나님의 뜻을 발견하기 위한 점검

성령께서 인도하시는 세미한 음성에 귀를 기울이라

나를 향하신
하나님의 계획

"어리석은 자가 되지 말고 오직 주의 뜻이 무엇인가 이해하라" (엡 5:17).

"오직 너희를 대하여 오래 참으사 아무도 멸망치 않고 다 회개하기에 이르기를 원하시느니라"(벧후 3:9).

"사람이 하나님의 뜻을 행하려 하면 이 교훈이 하나님께로서 왔는지 내가 스스로 말함인지 알리라"(요 7:17).

"무릇 하나님의 영으로 인도함을 받는 그들은 곧 하나님의 아들이라"(롬 8:14).

"내게 광대하고 공효를 이루는 문이 열리고 대적하는 자가 많음이니라"(고전 16:9).

5 하나님의 뜻을 **발견**하기 위한 **점검**

　내 아들아, 성경은 예수 그리스도를 믿는 하나님의 자녀들에게 거듭거듭, 하나님의 뜻을 알고 행하라고 권면하고 있다. "어리석은 자가 되지 말고 오직 주의 뜻이 무엇인가 이해하라"(엡 5:17).

　내 아들아, 하나님은 너의 생을 위한 멋진 계획을 가지고 계신다. 담대하여라.

　이제, 하나님의 뜻을 발견하도록 너를 도와 줄 여덟 가지의 체크리스트를 살펴보자.

1. 구원의 확신을 가져라

"오직 너희를 대하여 오래 참으사 아무도 멸망치 않고 다 회개하기에 이르기를 원하시느니라"(벧후 3:9).

하나님의 최대의 관심사는 우리 모두가 하나님의 자녀가 되는 것이다. 우리가 하나님의 자녀로 거듭나 있지 않으면 하나님은 우리를 그의 자녀로 인도하지 않으신다. 회개하여 온전한 하나님의 자녀가 되기까지 우리는 하나님의 거룩하신 계획과 목적에 참여할 수가 없는 것이다. 모든 사람이 구원에 이르는 것이 하나님의 뜻이므로 이 첫 번째 관문이 가장 중요하다. 너는 하나님의 뜻을 아는 첫 번째 단계를 거쳤느냐?

2. 온전히 예수께 순종하여 그리스도께서 너의 삶을 주관하시도록 하여라

하나님은 이미 성경을 통하여 우리에게 보여 주신 하나님의 뜻에 우리가 기꺼이 순종하지 않으면 하나님의 뜻을 더 아는 것은 불가능하다고 밝히 말씀하시고 있다. "그러므로 어리석은 자가 되지 말고 오직 주의 뜻이 무엇인가 이해하라"(엡 5:17). 어리석다는 말은 바보와 같다는 말이다. 하나님의 뜻을 경홀히 여기는 것은 바보와 같은, 어리석은 일이니라.

"그러므로 형제들아 내가 하나님의 모든 자비하심으로 너희를 권하노니 너희 몸을 하나님이 기뻐하시는 거룩한 산 제사로 드리라 이는 너희의 드릴 영적(합당한) 예배니라 너희는 이 세대를 본받지 말고 오직 마음을 새롭게 함으로 변화를 받아 하나님의 선하시고 기뻐하시고 온전하신 뜻이 무엇인지 분별하도록 하라"(롬 12:1).

너희 몸을 산 제사로 드리라는 말은 온전히, 전적으로 하나님의 뜻에 순종하라는 의미이다. 계속적인 순종이 필수적이다.

3. 세상과는 구별된 성별의 삶을 살도록 하여라

성경에 나타난 명백한 하나님의 뜻은 하나님의 자녀들이 거룩한 삶을 사는 것이다. "하나님의 뜻은 이것이니 너희의 거룩함이라 곧 음란을 버리고…하나님이 우리를 부르심은 부정케 하심이 아니요 거룩케 하심이니"(살전 4:3,7).

오늘, 그리스도께서 우리를 부르신 것은 우리로 하여금 세상을 따라 살게 하시려는 것이 아니라 세상을 변화시키시려는 것이다. 그러므로 내 아들아, 너는 이렇게 기도하라.

주여, 오늘도 내 영혼 한가운데 좌정하옵소서.
내 길을 선택할 모든 권리를 주께 드리오니
나와 동행하옵소서.
그리하여 나로 참되게 하옵소서.

4. 사람 앞에서, 하나님 존전에서 신실함을 유지하여라

"사람이 하나님의 뜻을 행하려 하면 이 교훈이 하나님께로서 왔는지 내가 스스로 말함인지 알리라"(요 7:17).

우리가 하나님의 뜻을 알려고 하면, 육신이 이끄는 대로 욕망을 따라 살 것이 아니라 하나님께서 우리를 위하여 준비하신 모든 거룩한 경험들에 대한 신실한 동경과 목 타는 듯한 갈급함이 있어야 한다.

5. 하나님의 뜻을 알기 위하여 성경을 늘 주야로 묵상하여라

하나님의 뜻과 기록된 하나님의 말씀인 성경은 불가분의 관계에 있다는 것을 깨닫는 것이 가장 중요하다. 네 삶을 위한 하나님 뜻의 대부분은 이미 오래 전에 하나님의 말씀인 성경을 통하여 주어졌다.

"너는 마음을 다하여 여호와를 의뢰하고 네 명철을 의지하지 말라 너는 범사에 그를 인정하라 그리하면 네 길을 지도하시리라"(잠 3:5-6).

성경에는 우리가 해야 할 일과 하지 말아야 할 일들에 대하여 자세히 기록되어 있다. 거기에 직접적으로 명백하게 기록되지 않은 주제들에 대하여는 성경의 원리를 따라 유추하여 알 수 있다. 네가 하나님의 뜻을 알려고 하면 무릇 그 손에서 성경을 놓지 말고 부지런히 읽고 주야로 묵상해야 할 것이다.

"주의 말씀을 열므로 우둔한 자에게 비취어 깨닫게 하나이다"(시 119:130).

6. 기도로 하나님과 무시로 교통하라

"그를 향하여 우리가 가진 바 담대한 것이 이것이니 그의 뜻대로 무엇을 구하면 들으심이라 우리가 무엇이든지 구하는 바를 들으시는 줄을 안즉 우리가 그에게 구한 그것을 얻은 줄을 또한 아느니라"(요일 5:14-15).

성경에서 성도가 기도하는 것은 곧 하나님께 말씀드리는 것으로 되어 있다. 우리가 기도하면 들으시고, 그 응답으로 하나님은 우리에게 지혜의 부요함을 주셔서 우리는 하나님의 뜻을 알게 된다. 하나님의 뜻을 알기 위하여 하루 5분, 하나님께 아뢰는 일을 계속하여라. 하늘 아버지와의 교제가 깊어질수록 너는 하나님의 확고하신 뜻을 알게 될 것이다.

7. 성령께서 인도하시는 세미한 음성에 귀를 기울이라

"무릇 하나님의 영으로 인도함을 받는 그들은 곧 하나님의 아들이라"(롬 8:14).

기도의 상향적 역사와 우리 내면에서 일어나는 성령의 하향적인 역사는 밀접하게 관련되어 있다.

성령께서 우리를 인도하시는 방법은 다양한데, 거부할 수 없을 만큼 강한 내적인 강요로 나타나기도 한다. 성경에는 성령의 강력한 권고하심을 받아 특별한 상황으로 이끌림 받은 수백

가지의 예가 기록되어 있다. 하나님의 자녀에게 성령의 음성은 명료하리만큼 또렷하니까 너는 두려워 할 것이 없다.

8. 일상의 삶에서 하나님의 인도하심을 찾고 영적인 친구들의 조언을 주의 깊게 들으라

"내게 광대하고 공효를 이루는 문이 열리고 대적하는 자가 많음이니라"(고전 16:9).

때로, 하나님의 인도는 우리 일상의 상황에서 열려진 문, 닫

힌 문을 통하여 오기도 한다. 그러나 주의하라. 이 일은 너무 심각하게 고려할 만하지 않을 수도 있다. 사탄 역시 때로는 그 문을 열어 놓기도 하고 닫기도 하기 때문이다. 네 주위의 모든 사실들을 모으라. 그리고 깊이 기도하면서 하나님의 중심을 찾으라. "도략이 없으면 백성이 망하여도 모사가 많으면 평안을 누리느니라"(잠 11:14).

항상 기억하여라, 내 아들아!

하나님은 너를 위하여 만족할 만한 계획과 목적을 가지시고 너의 미래에 지극한 관심을 가지고 계신다. 그러므로 담대하라. 너는 너를 향한 하나님의 뜻을 발견하여 위대한 삶을 살 수 있다. "우리 조상들의 하나님이 너를 택하여 너로 하여금 자기 뜻을 알게 하시며"(행 22:14).

때로는 목사님, 선생님 그리고 신실한 그리스도인 친구들도 큰 도움이 될 수 있다. 그러나 이들에게 충고는 구하되 전적으로 의존하지는 말아라. 이 세상에 하나님과의 끊임없는 깊은 교제를 통하여 받는 인도하심을 대신할 수 있는 것이란 없다는 사실을 기억하여라. 내 아들아, 내 아들아….

역자후기

나에게 2004년은 조금은 특별하게 시작되었습니다.

중국 모처의 선교사로 파송 받기 위하여 16년을 사역한 교회를 사임하고 기다리는 중이었지만 현지의 사정이나 총회선교부에서도 허락지 않아 부임하지 못한 채 서너 달을 지나게 되었습니다.

조금은 견디기 어려운 시기였는데 그 시기에 내가 기도시간마다 가장 간절하게 찾은 말이 "하나님의 뜻"이었습니다. 그때, 책장을 정리하다가 오래 전에 사놓고는 읽지도 않은 책, 조지 스위팅 박사의 『How to Discover the will of God』을 만나게 되었고 곧, 나를 위한 책으로 알아 단숨에 읽으면서 많은 은혜를 받았습니다.

한줄한줄 읽는 동안 하나님의 음성도 들었습니다. 지금은 그때의 감격이 좀 약해졌습니다마는 눈물도 많이 흘렸습니다. 그 단어 하나하나, 표현 하나하나에 나를 돌아보게 되었습니다.

하나님의 응답도 곧 나타났습니다. 이 책을 읽고 번역하는 동안 곧 저에게는 전혀 새로운 사역지가 주어졌고 바로 파송되어 '하나님의 뜻'을 발견하면서 주의 인도하심을 받아 주께서 예비하신 하나님의 사람들과 함께 일을 감당하고 있습니다.

이런 저런 사연으로 이 책은 저에게 아주 특별한 의미를 지닌 책이 된 것인데 지난 2004년은 『우리 시대의 큰 사도 림인식 목사의 삶과 생각』(한국장로교출판사)의 출판일로 바빠 이 책의 번역 원고는 잊어버리고 있다가 금년에 진흥출판사와 연이 닿아 미국 출판사와 판권도 허락 받는 등 수고를 거쳐 『나를 향하신 하나님의 계획』이란 제목으로 책이 나오게 된 것입니다.

저야, 전문 번역인도 아니고 영어를 체계적으로 배운 사람도 아닙니다. 다만 우리글을 아름답게 다듬고 예쁘게 사용하려는 일에는 나름대로 힘써왔다는 점 말고는 책을 번역할만하지 않습니다. 원문은 그렇지 않는데 번역과정에서 제가 아버지가 아들에게 이야기하는 투로 바꾸었습니다. 저자가 알고는 언짢게 생각하지 않을는지 모르겠습니다.

이 작은 책 역시 나의 넉넉한 친구, Robert C. Smith 내외가 막힌 데를 시원하게 뚫어주어 가능하였습니다. 감사의 뜻을 남깁니다. 진흥출판사의 장병주 차장을 비롯한 여러 직원들의 수고가 감사하고 선교지에서 엉뚱한 일을 한다고 책망하지 않으시고 추천의 글로 격려하여 주신 나의 목회와 인생의 교과서 되시는 노량진교회 강신원 목사님께 특별한 감사를 드립니다.

원문의 감동에는 이르지 못하지만 이 부족한 번역의 책을 읽는 모든 사람에게 저에게 그러했던 것처럼 하나님의 음성을 들려주셔서 물이 바다를 덮음같이, 이 땅이 하나님을 아는 지식으로 넘치기를 기도합니다. 아멘.

2006. 1

양길영 목사

나를 향하신
하나님의 계획

초판발행	2005년 8월 6일
중판2 쇄	2006년 5월 12일
지은이	조지 스위팅(George Sweeting)
옮긴이	양길영
발행인	박경진
펴낸곳	도서출판 진흥
디자인	강지현
출판등록	1002년 5월 2일 제 5-311호
주소	(130-812)서울특별시 동대문구 신설동 104-8
전화	영업부 2230-5114, 편집부 2230-5155
팩스	영업부 2230-5115, 편집부 2230-5156
전자우편	publ@jh1004.com
홈페이지	www.jh1004.com

ISBN 89-8114-265-3
값 6,500원